郷土の食材と料理

ながののおかず

服部一景・編著

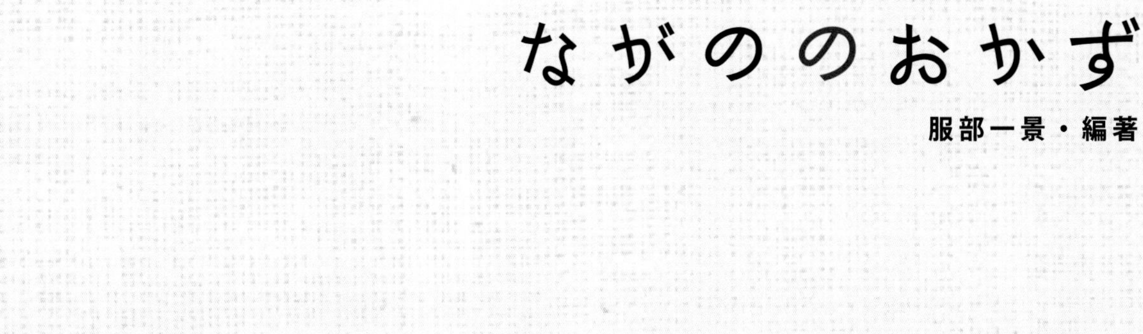

ながののおかず

郷土の食材と料理

もくじ

ながのの食材図鑑

ながのおかず旅

日だまりのよもやま話

長野県の市町村

＊長野ではおかず旅に沿って料理を並べました。季節の順ではありません。

prologue ● ながのおかず旅

美しい平和な山村をほかに知らない

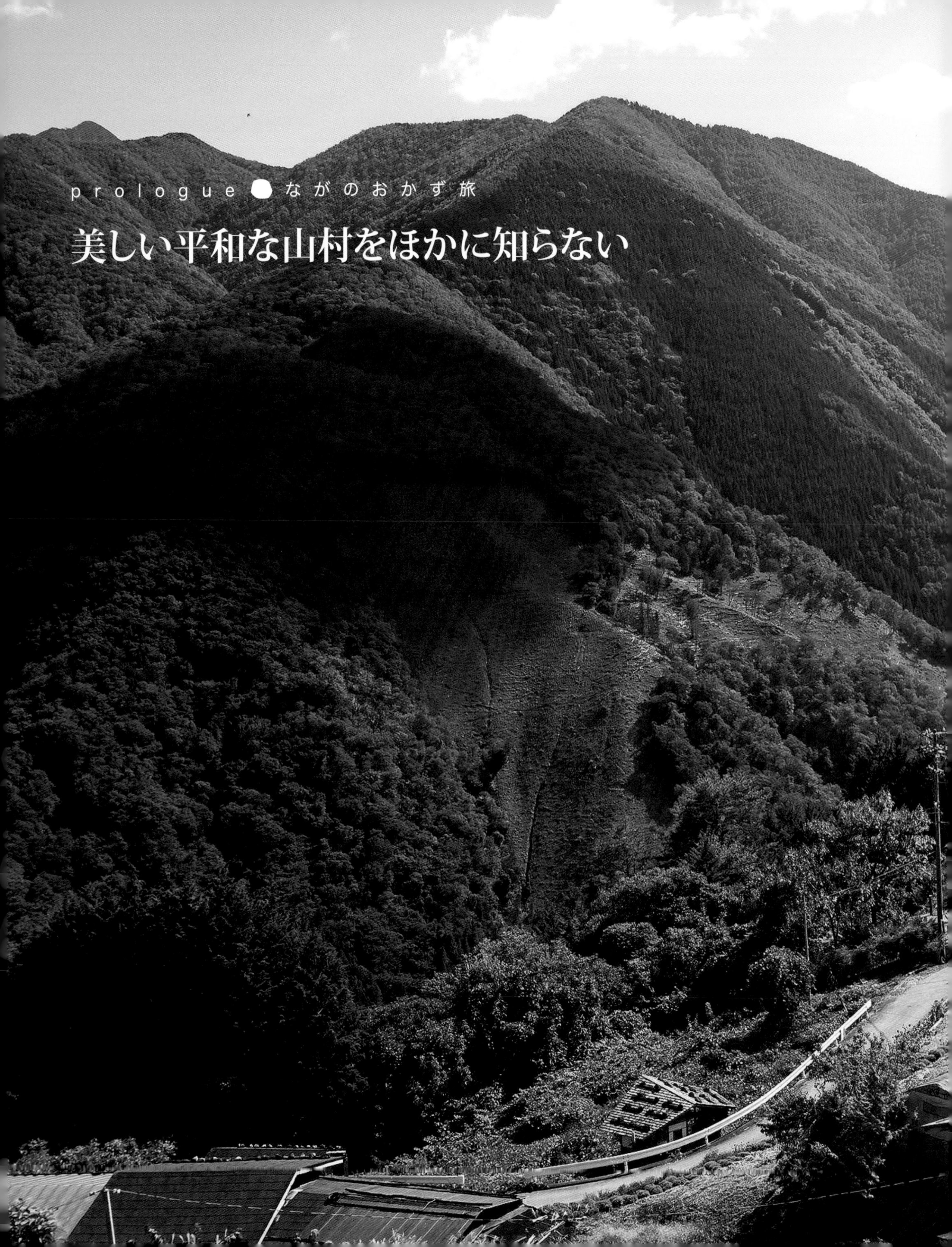

「木曽路はすべて山の中である。あるところは岨づたいに行く崖の道であり、あるところは数十間の深さに臨む木曾川の岸であり、あるところは山の尾をめぐる谷の入り口である」。故郷の森林地帯を貫く街道の描写から藤村の『夜明け前』は始まる。3000m峰は日本に23座、うち15座は長野にある。日本の屋根と言われる所以。県土の約8割を森林が占める。北海道・岩手に次ぐ面積だ。飯田市上村は下栗の里と呼ばれる。標高1060mの山間に80人ほどが暮らす。拓いた斜面に茶や果樹を植え、小さな畑で野菜を育てる。山で暮らす知恵と忍耐。「下栗ほど美しい平和な山村を私はほかに知らない」。日本百名山の深田久弥の想いが碑に刻まれる。

いね【稲】
（品種）
きらりん
ゆめしなの
あきたこまち
ひとめぼれ
コシヒカリ
風さやか＊
キヌヒカリ
天竜乙女

こむぎ【小麦】
（品種）
ハナマンテン
シラネコムギ
しゅんよう
ユメセイキ
フウセツ
ゆめかおり
ゆめきらり

だいず【大豆】
（品種）
あやこがね
すずろまん
ギンレイ
ナカセンナリ
つぶほまれ
すずほまれ

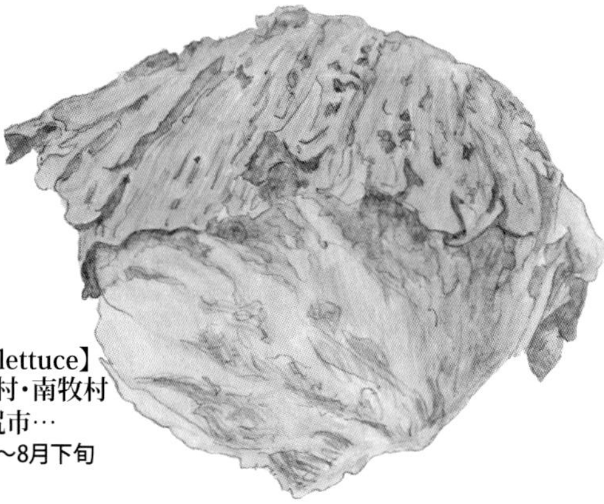

レタス【lettuce】
●川上村・南牧村
・塩尻市…
7月上旬〜8月下旬

もちごめ【糯米】
（品種）
カグヤモチ
オラガモチ
もちひかり
モリモリモチ

さかまい
【酒米】
（品種）
しらかば錦
美山錦
ひとごこち
金紋錦
山恵錦

ピーマン
【green pepper】
7月上旬〜10月中旬

畑

そば【蕎麦】
（品種）
しなの夏そば
蕎麦信濃１号
信州大そば
開田早生
タチアカネ
長野S８号
桔梗11号

セルリー【celery】
●原村・茅野市
・松本市…
5月下旬〜6月下旬
10月下旬〜11月下旬

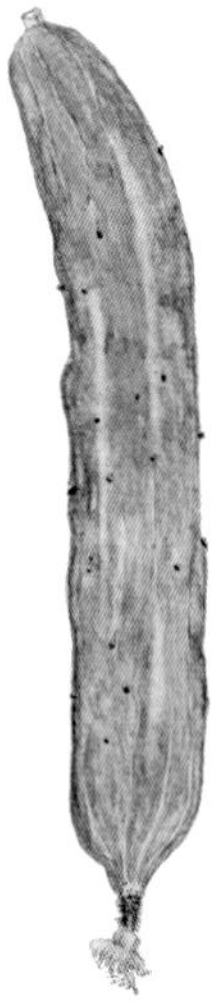

きゅうり【胡瓜】
7月上旬〜10月中旬

アスパラガス
【asparagus】
ウエルカム・グリーンタワー
●5月上旬〜9月下旬

ズッキーニ
【zucchini】
7月上旬〜10月中旬

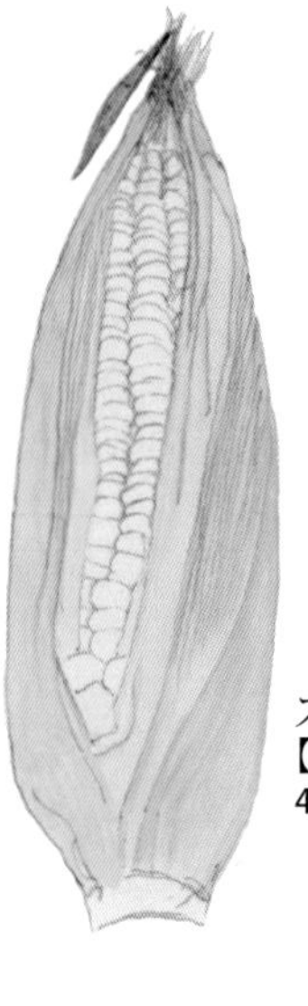

スイートコーン
【sweet corn】
4月下旬〜6月中旬

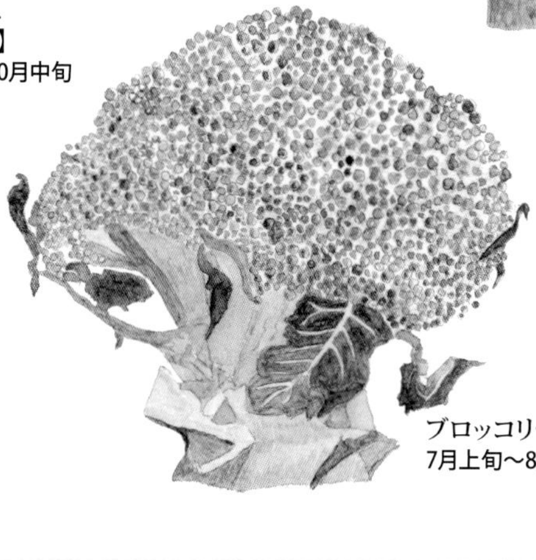

ブロッコリー【broccoli】
7月上旬〜8月下旬

カリフラワー【cauliflower】
7月上旬〜8月下旬

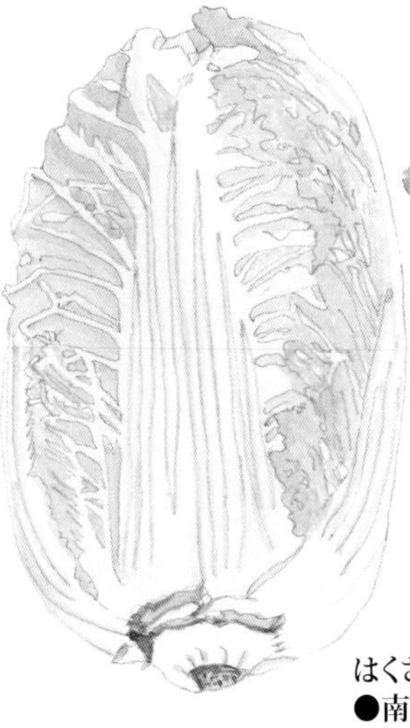

はくさい【白菜】
●南牧村・川上村・小海町…
10月中旬〜12月下旬

ほうれんそう
【菠薐草】
周年

ちんげんさい
【青梗菜】
周年

つけな【漬菜】
●佐久市・長野市
・小海町…
6月上旬〜11月下旬

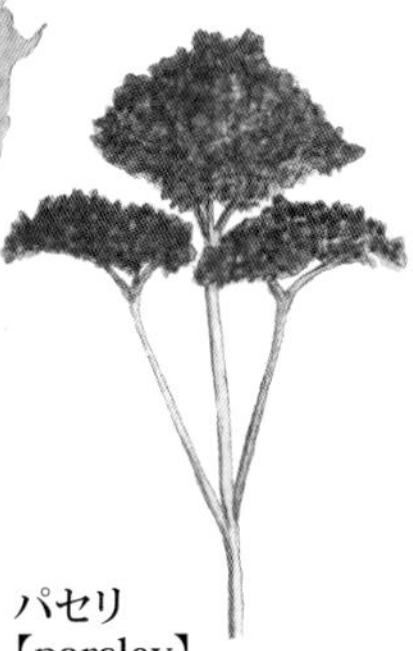

パセリ
【parsley】
●茅野市・塩尻市
・松本市・原村…
5月上旬〜11月中旬

図鑑

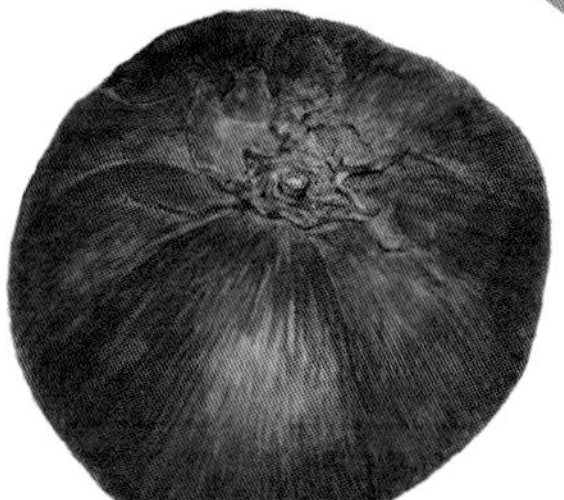

トマト【tomato】
●松本市・安曇野市…
6月上旬〜11月中旬

だいこん【大根】
8月下旬〜11月下旬
5月下旬〜6月中旬

ミニトマト
●5月中旬〜9月下旬

キャベツ【cabbage】
7月上旬〜8月下旬

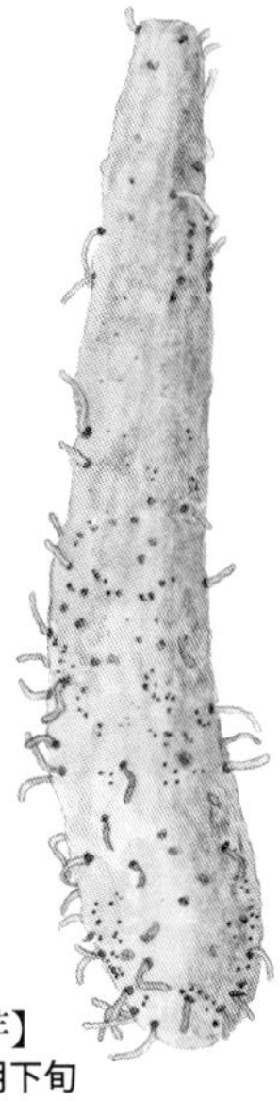

ながいも【長芋】
10月上旬〜11月下旬

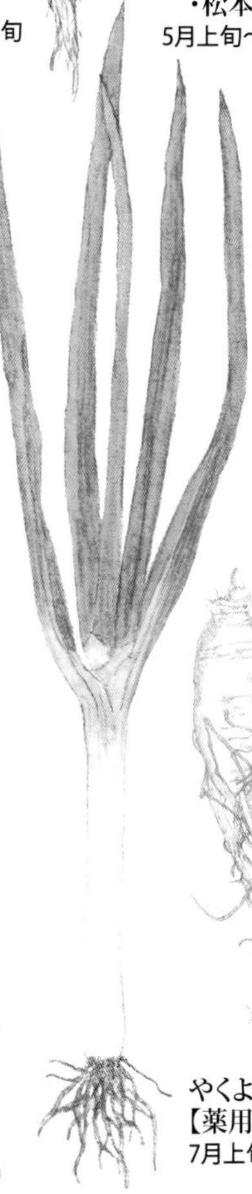

長ねぎ【長葱】
12月上旬〜3月下旬

やくようにんじん
【薬用人参】
7月上旬〜9月下旬

参考：おいしい信州ふーど図鑑

果実

りんご【林檎】
シナノレッド●8月上旬～8月中旬
シナノリップ●8月中旬～8月下旬
つがる●8月下旬～9月中旬
シナノドルチェ●9月上旬～9月下旬
シナノピッコロ●9月中旬～9月下旬
秋映●9月下旬～10月中旬
シナノスイート●10月上旬～11月上旬
シナノゴールド●10月中旬～12月中旬
ふじ●11月上旬～12月下旬

ブルーベリー
【blueberry】
●信濃町・大町市
・白馬村…
6月下旬～8月下旬

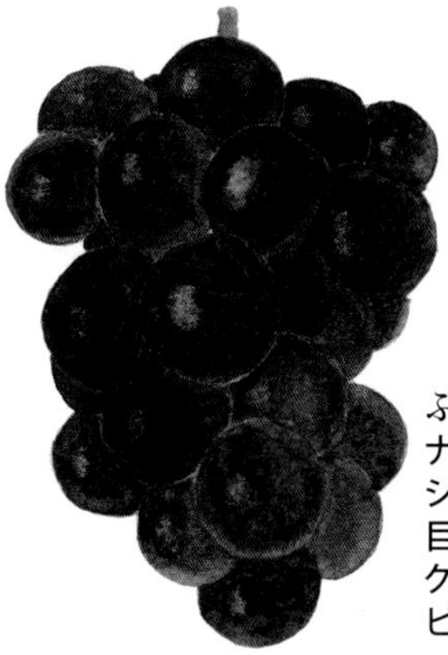

ぶどう【葡萄】
ナガノパープル＊
シャインマスカット●6月～12月
巨峰●6月～10月
クイーンルージュ＊
ピオーネ●9月下旬～10月

ナガノパープル
6月下旬～8月下旬（ハウス）
9月上旬～10月中旬（露地）

クイーンルージュ
●中野市・須坂市・長野市・
小布施市・松本市・上田市・飯田市…
7月上旬～8月下旬（ハウス）
9月下旬～10月下下旬（露地）

すもも【李】
●千曲市・長野市・
須坂市…
李9月下旬～10月上旬

ネクタリン【nectarine】
●長野市・須坂市・
中野市…
7月上旬～9月中旬

もも【桃】
●長野市
・須坂市・中野市…
7月下旬～9月中旬
川中島白桃●7月中旬～8月下旬
なつっこ●8月上旬～
あかつき●8月上旬～
黄金桃●8月下旬～

かりん【花梨】
●岡谷市・下諏訪市
・箕輪町…
9月下旬～11月下旬

くるみ【胡桃】
●長野市・東御市・
茅野市…
9月下旬～10月上旬

にほんなし【日本梨】
南水●9月下旬～10月上旬
サザンスイート●8月中旬～9月上旬

いちだがき【市田柿】
●高森町…
11月下旬～2月中旬

せいようなし【西洋梨】
10月中旬～11月上旬

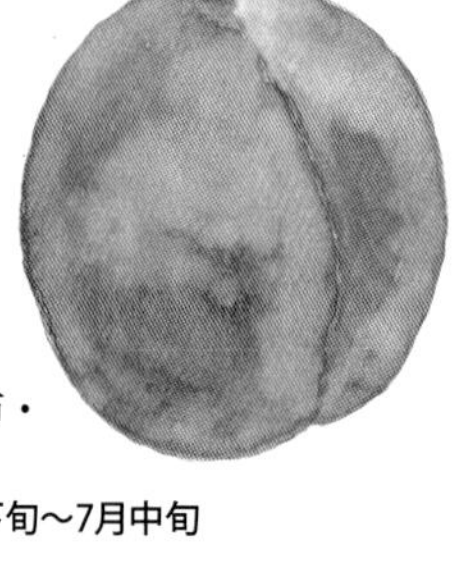

あんず【杏】
●千曲市・長野市・
須坂市…
信州サワー●6月下旬～7月中旬

プルーン【prune】
●長野市・佐久市・
須坂市…
サマーキュート●8月下旬～
オータムキュート●9月下旬～

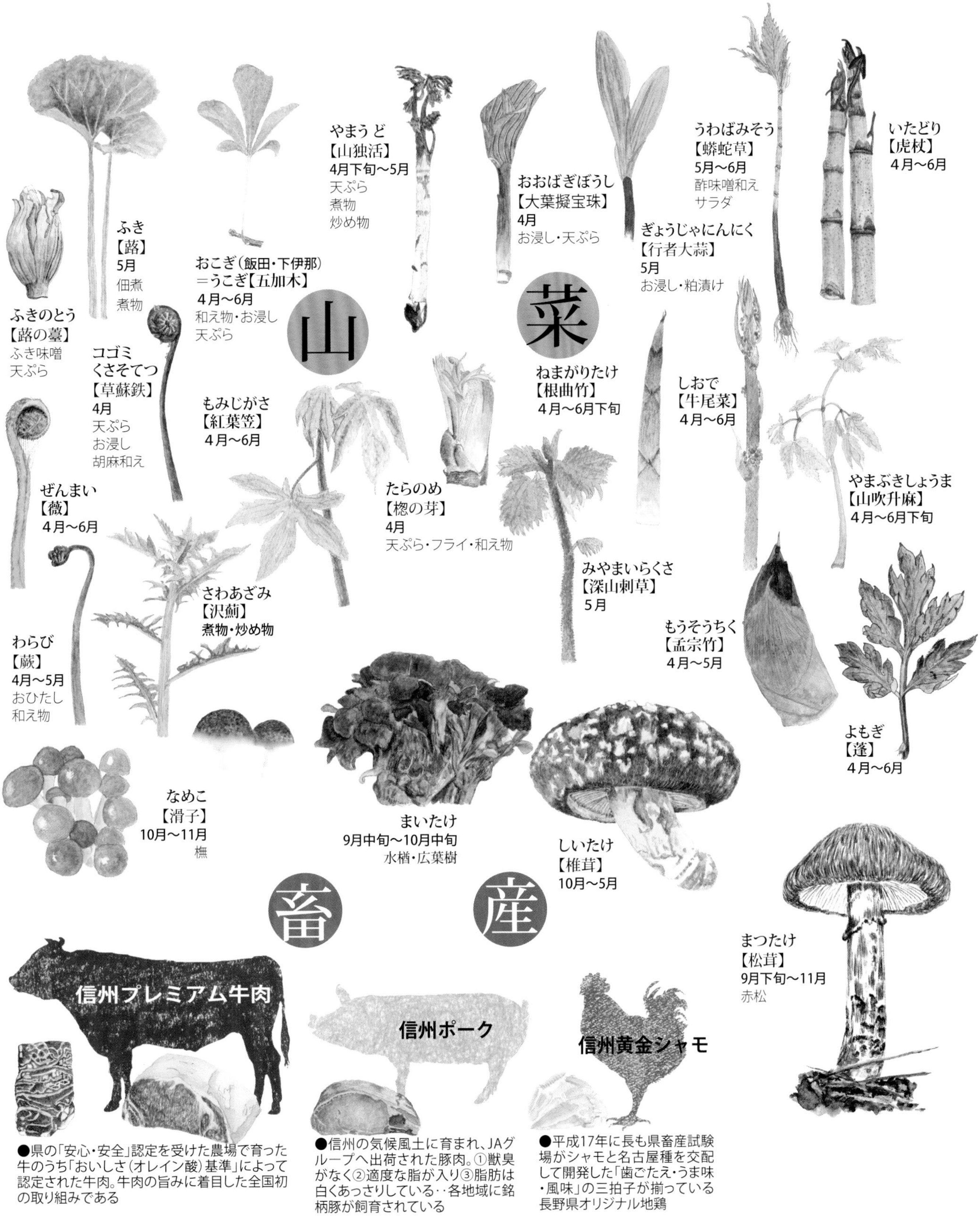

●県の「安心・安全」認定を受けた農場で育った牛のうち「おいしさ（オレイン酸）基準」によって認定された牛肉。牛肉の旨みに着目した全国初の取り組みである

●信州の気候風土に育まれ、JAグループへ出荷された豚肉。①獣臭がなく②適度な脂が入り③脂肪は白くあっさりしている‥各地域に銘柄豚が飼育されている

●平成17年に長も県畜産試験場がシャモと名古屋種を交配して開発した「歯ごたえ・うま味・風味」の三拍子が揃っている長野県オリジナル地鶏

ふるさとの 魚

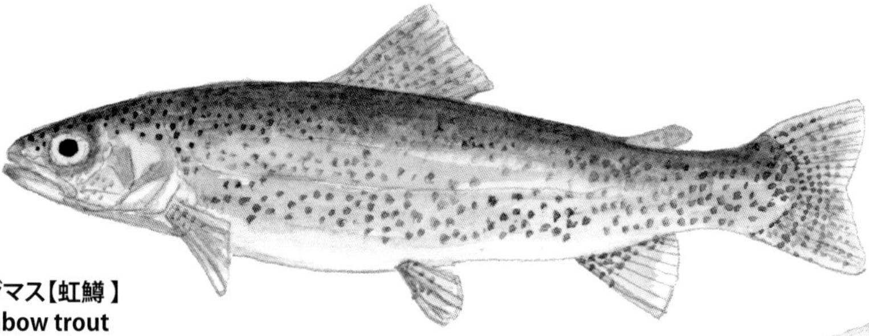

ニジマス【虹鱒】
Rainbow trout
県内全域　特に中信地方
◎小型は塩焼き・大型は刺身・・
長野県で一番生産量が多い。
大正時代、明科養鱒場（安曇野）が誕生、
ニジマスの養殖が始まった。

イワナ【岩魚】
Whitespotted char
県内全域　特に木曽や伊那地域
◎塩焼き・骨酒・・
産卵期の前、6月から夏が旬。

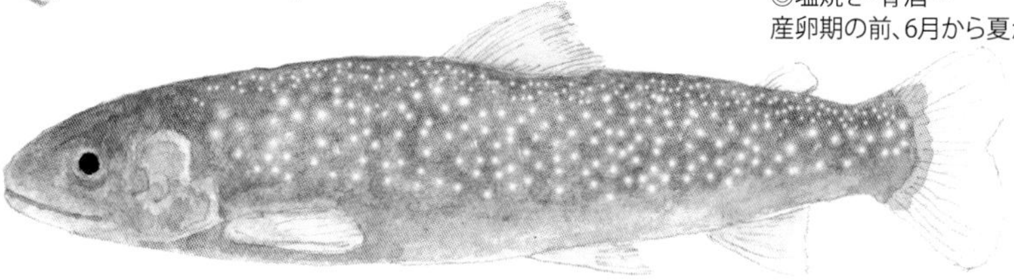

ヤマメ【山女魚】
Yamame trout
中信地方や北信地方
◎塩焼き・甘露煮・・
産卵期の前、6月から夏が旬。

アマゴ【雨子】＝タナビラ（木曽地域）
Amago trout (Redspotted mas trout)
木曽地域や伊那地域
◎塩焼き・甘露煮・・
産卵期の前、6月から夏が旬。

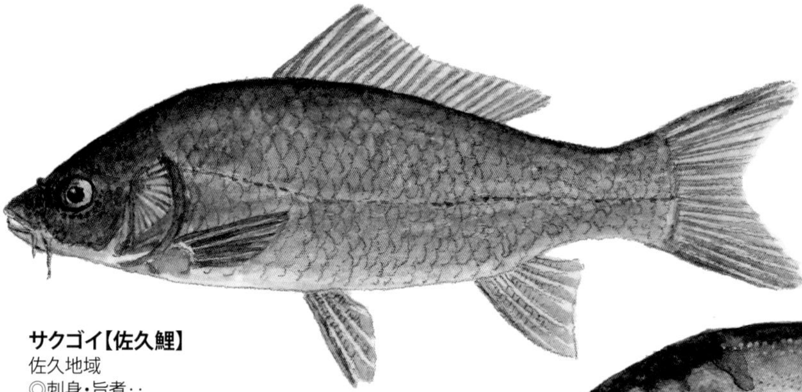

サクゴイ【佐久鯉】
佐久地域
◎刺身・旨煮・・
一年を通して食べられるが寒鯉は格別の旨さ。
薬用魚と呼ばれる栄養豊富な縁起物の食材。佐久鯉の養殖は200年以上の歴史がある。郷土の伝統食であり、ハレの日のご馳走として親しまれる。

シナノユキマス【信濃雪鱒】
佐久地域
◎柔らかい淡白な白身で適度に脂がのる・・
春から夏にかけてが旬。
1975年にチェコスロバキアから導入、長野県水産試験場で世界で初めて完全養殖技術が確立された。

アジメドジョウ【味女鰌】
Delicate loach
木曽地方
◎卵とじ・甘露煮・・

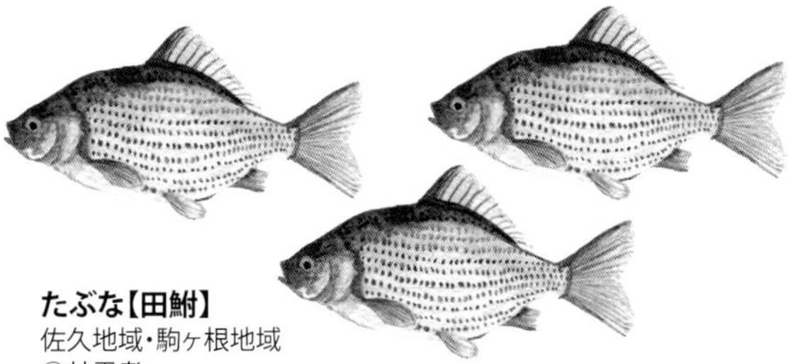

たぶな【田鮒】
佐久地域・駒ヶ根地域
◎甘露煮‥
9月頃に水揚げ、期間限定の食材。
水田養鯉の副産物。水田で養殖される
小鮒は長野県水産試験場で育成した
改良ブナである。

カジカ【鰍】
Japanese sculpin
県内河川上中流域
◎唐揚げ‥
産卵後に脂がのり始めた秋が旬。

ワカサギ【公魚】
Pond smelt
諏訪湖・野尻湖・松原湖‥県内湖沼
◎天ぷら・唐揚げ・佃煮‥
冬場から産卵前が旬。11月から4月
にかけてワカサギ釣りのシーズン

ウグイ【鯏】
Japanese dace
県内河川全域
◎塩焼き・天ぷら・唐揚げ‥
晩春から初夏にかけて産卵期、季節の風物詩として人気が高い。
冬場のウグイは寒バヤと呼ばれ、脂がのる。千曲川の伝統漁法
つけば漁が行われている上田市では郷土料理として親しまれる。

図鑑

アユ【鮎】
Ayu (sweetfish)
県内河川中流域
◎塩焼き‥
6月から7月にかけてアユ釣りが解禁になる。
香魚と呼ばれ古くから馴染みのある魚。春から
夏にかけての若魚期を河川中流域で過ごし、
秋に下流域で産卵して一生を終える年魚である。

シンシュウダイオウイワナ
【信州大王岩魚】
県内全域、特に中信・北信地方
◎刺身‥
一年中いただける。適度の脂がのった
白く透き通る身はあっさりとした味わい。
刺身で食べられる大きな岩魚が欲しい
という要望に応えるために開発された。

シンシュウサーモン【信州サーモン】
県内全域、特に中信地方
◎甘露煮‥
一年中いただける。長野県でしか味わえない
信州生まれのブランド魚。肉厚な紅色の身は
キメが細かく適度な脂がとろける舌触りが特徴。

「信州の美味しいお魚辞典」長野県農政部園芸畜産課

伝統

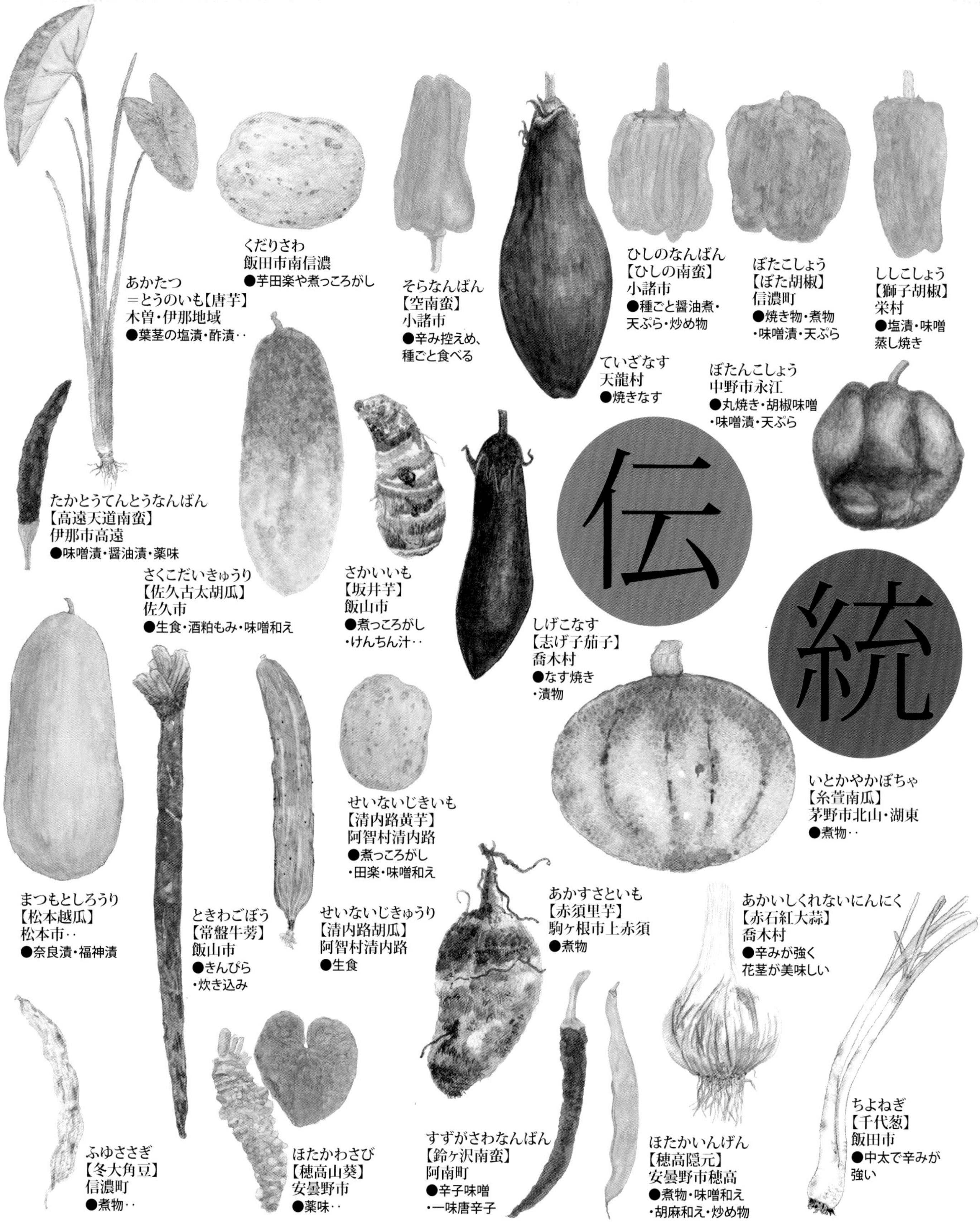

あかたつ
＝とうのいも【唐芋】
木曽・伊那地域
●葉茎の塩漬・酢漬··

くだりさわ
飯田市南信濃
●芋田楽や煮っころがし

そらなんばん
【空南蛮】
小諸市
●辛み控えめ、
種ごと食べる

ていざなす
天龍村
●焼きなす

ひしのなんばん
【ひしの南蛮】
小諸市
●種ごと醤油煮・
天ぷら・炒め物

ぼたこしょう
【ぼた胡椒】
信濃町
●焼き物・煮物
・味噌漬・天ぷら

ししこしょう
【獅子胡椒】
栄村
●塩漬・味噌
蒸し焼き

ぼたんこしょう
中野市永江
●丸焼き・胡椒味噌
・味噌漬・天ぷら

たかとうてんとうなんばん
【高遠天道南蛮】
伊那市高遠
●味噌漬・醤油漬・薬味

さくこだいきゅうり
【佐久古太胡瓜】
佐久市
●生食・酒粕もみ・味噌和え

さかいいも
【坂井芋】
飯山市
●煮っころがし
・けんちん汁··

しげこなす
【志げ子茄子】
喬木村
●なす焼き
・漬物

いとかやかぼちゃ
【糸萱南瓜】
茅野市北山・湖東
●煮物··

せいないじきいも
【清内路黄芋】
阿智村清内路
●煮っころがし
・田楽・味噌和え

まつもとしろうり
【松本越瓜】
松本市··
●奈良漬・福神漬

ときわごぼう
【常盤牛蒡】
飯山市
●きんぴら
・炊き込み

せいないじきゅうり
【清内路胡瓜】
阿智村清内路
●生食

あかすさといも
【赤須里芋】
駒ヶ根市上赤須
●煮物

あかいしくれないにんにく
【赤石紅大蒜】
喬木村
●辛みが強く
花茎が美味しい

ふゆささぎ
【冬大角豆】
信濃町
●煮物··

ほたかわさび
【穂高山葵】
安曇野市
●薬味··

すずがさわなんばん
【鈴ヶ沢南蛮】
阿南町
●辛子味噌
・一味唐辛子

ほたかいんげん
【穂高隠元】
安曇野市穂高
●煮物・味噌和え
・胡麻和え・炒め物

ちよねぎ
【千代葱】
飯田市
●中太で辛みが
強い

野菜

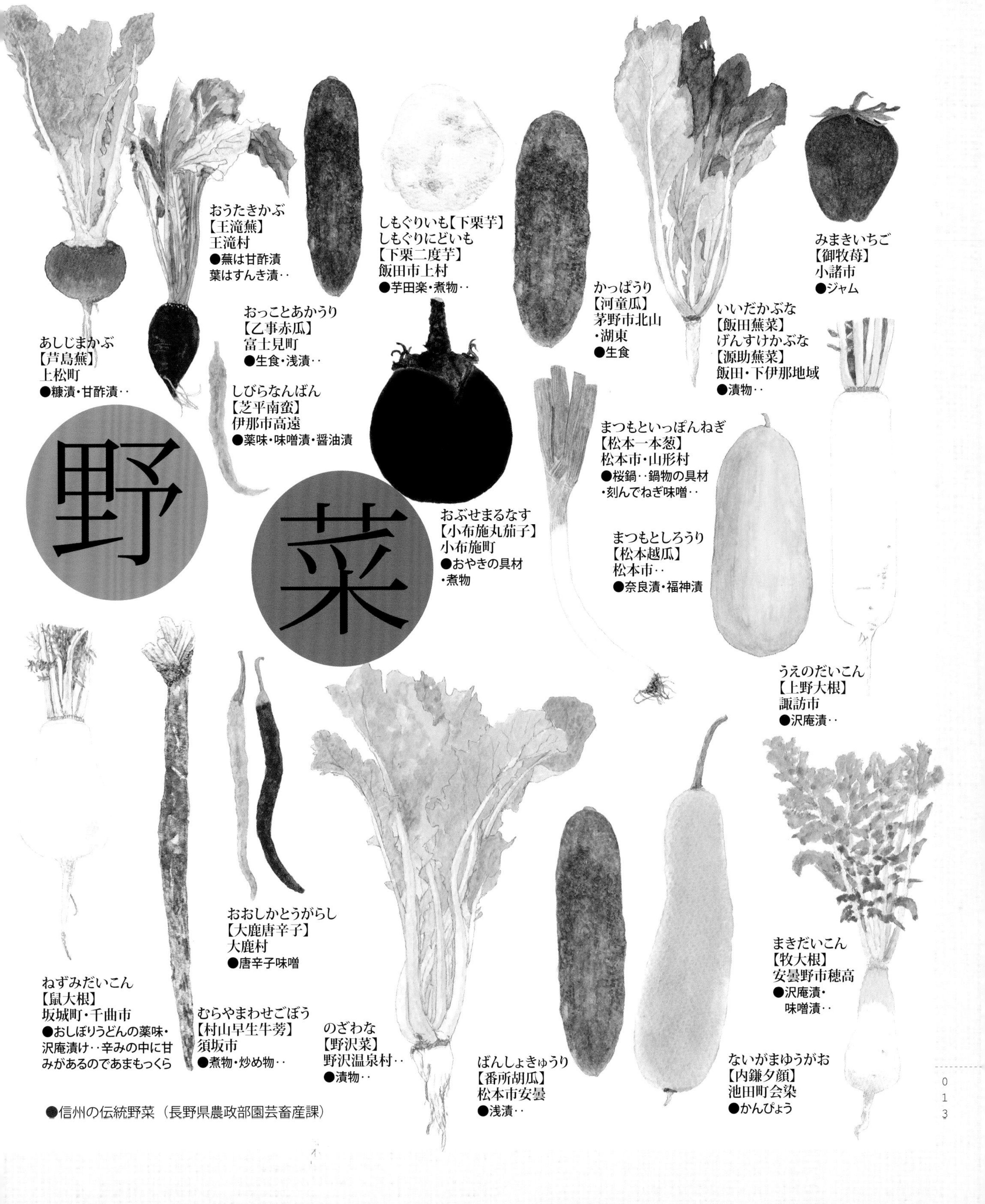

●信州の伝統野菜（長野県農政部園芸畜産課）

ふるさとの同窓会でいただくのは 塩イカ・馬刺し・蜂の子・ローメン 酔うほどに口ずさむ信濃の國県歌

郷土料理店ことのはで伊那谷の食文化談義

旅の始まり。地図を前に道筋を辿るのは愉しい、が今回は様子が少し違う。「信濃の国は十州に境連ぬる国にして聳える山はいや高く流るる川はいや遠し」。県歌が作られた時代は明治32年。令和では 8 県だが海なし県の事情は変わらない。本州中部を南北に長く横たわる。北信を流れる千曲川は日本海へ、南信では天竜川と木曽川が太平洋へと向かう。77市町村は北海道に次ぐ多さ。さてと何処へ行こうか途方に暮れていると朗報が届く。伊那の郷土料理店で会食の誘い。最上・会津を辿った保科正之は高遠の殿様。おかず旅の縁だろうか。夏の夕暮れ、暑い伊那を訪ねた。ニシムラ社長の荒木康雄さん伊那市長の白鳥孝さんは高校の同窓、料理屋女将の藤井伸江さんは一年先輩という顔ぶれの同窓会に同席した。食卓にいつものおかずが並ぶ。胡瓜と塩イカの和

秋になると地蜂やクロスズメバチなどの巣が店に並ぶ。幼虫はもちろん成虫も混ざっていた

蜂の子の甘露煮

締めのローメンは伊那谷のソウルフード

え物。塩イカは夏の地採りの野菜と合わせるのに具合がいい。海なし県の知恵から生まれた信州限定の食材である。二人の目が輝いたのは蜂の子の甘露煮。青春時代の思い出に花が咲く。後日『こんなものを食べてきた』という本を見た。原作は本多勝一、堀田夫妻が漫画にした。昭和 13 年秋の信州伊那谷。「ショウちゃ気をつけな！頭の上ハチがいっぱいおるぞ」「逃げろ !!」「とったか ?!」「とった !!」「子がいっぱいつまっとる…」。蜂に刺されながら取った蜂の巣を家に持ち帰る。お母ちゃが醤油焼にする。「ほーれハチの子だに！」「こりゃまたどいれえとったなー勝一　大したもんだ」とお父ちゃ。「ハチノコおいちい」と妹。食の文化は子供時代に形成される。締めはローメン、蒸し麺に羊肉とキャベツを煮込んだ焼きそば風。伊那のソウルフードである。

1930年代の図書館を活用している伊那市創造館

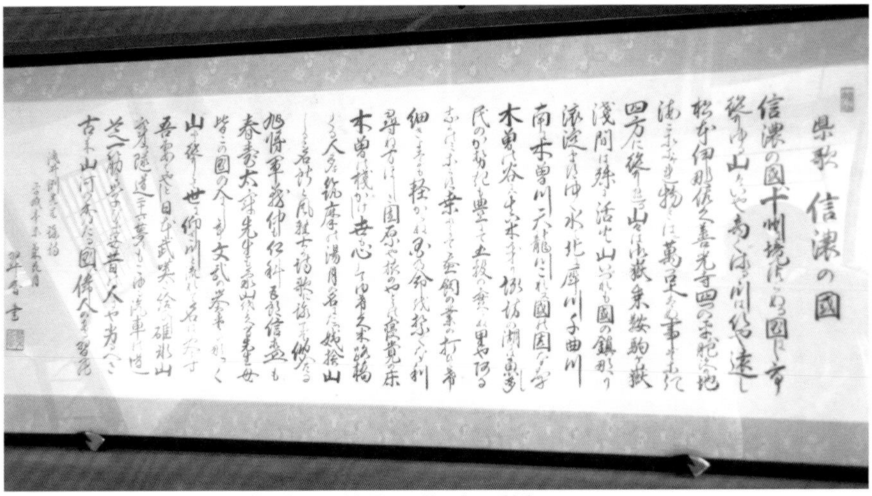

長野県民なら歌えるという県歌「信濃の國」（安曇野の藤田家の扁額）

胡瓜と塩イカの和え物

いんげんの和え物

胡瓜の粕漬け

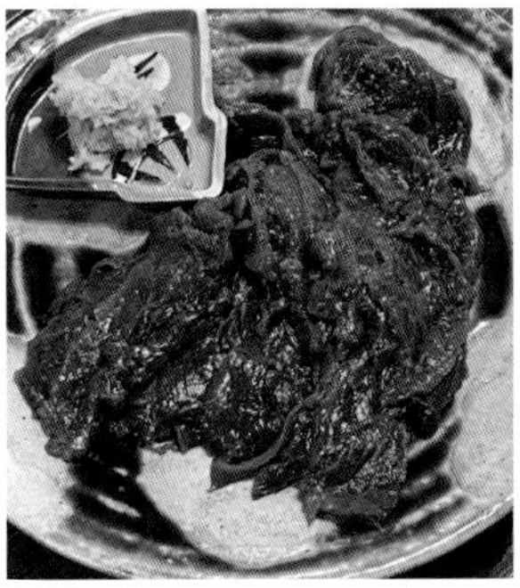

馬刺し

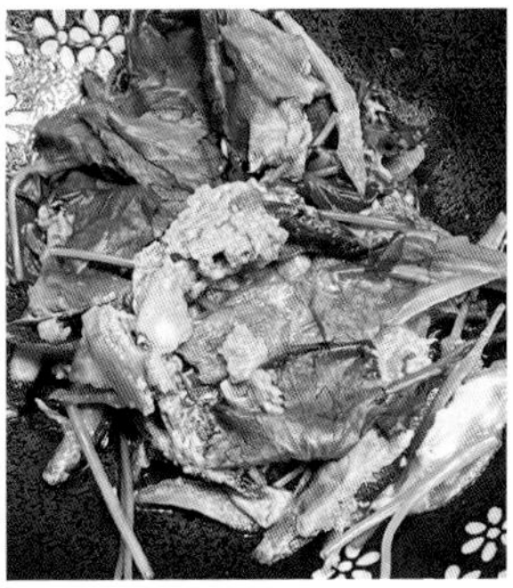

ドジョウの卵とじ

まんじゅうの天ぷら

南アルプスと中央アルプスの間を流れる天竜川に沿って伊那谷が続く。諏訪湖から浜名湖へ流れ下る

伊那地域　伝統の味

ローメン

材料

蒸し麺
豚肉
キャベツ
にんにく
ウスターソース
中濃ソース
ごま油

作り方

1 麺をゆでる。
2 ゆでている間に、食べやすい大きさに切った豚肉・キャベツを塩こしょうで炒める。
3 **2**にゆであがった麺を加え、調味料・ごま油で炒める（好みでにんにくを加える）。

伊那市

ワンポイント

本来はマトンの肉を使いますが、豚肉の方が食べやすいです。

暑い夏を乗り切る郷土料理

胡瓜と塩イカの和え物

材料

塩丸イカ……1/2杯
胡瓜……1本
茗荷……適量

作り方

1 塩丸イカは水に浸けて塩抜きする（少し塩味が残るくらい）。
2 胡瓜は塩をふって板ずりをし、小口切り（薄切り）にする。
3 茗荷を刻み、**1**・**2**と揉む。

飯山市　塩丸イカと胡瓜の酢の物

伊那市

ワンポイント

調味料は塩イカの塩味のみです。伊那は海がないため新鮮な魚がなく、塩イカは保存食として重宝していました。子供の頃から食卓にありました。

味付けイカと
いんげんの和え物

材料

味付けイカ
いんげん
生姜
醤油

作り方

1 いんげんは塩少々入れた湯で色よくゆでる。
2 すりおろした生姜をかける。
3 醤油などで味付けする。

伊那市 ワンポイント
いんげんはさっとゆでて氷水にさらすと歯ごたえ良くゆで上がります。

昔は貴重なタンパク源
蜂の子の甘露煮

材料

蜂の子
みりん・醤油・砂糖

作り方

1 フライパンを熱して油をひき、蜂の子をカラカラになるくらいまで炒めたら取り出す。
2 フライパンで調味料を一煮立ちさせて1を加え、火を止めてからめる。

伊那市 ワンポイント
蜂の子というのはスズメバチのさなぎのことです。主に黒スズメバチが食べられています。

外はサクサク中はふっくら
まんじゅうの天ぷら

材料

天ぷらまんじゅう用のまんじゅう／普通のまんじゅう
天ぷら粉
酒・塩・油

作り方

1 まんじゅうは大きければ半分に切る。
2 天ぷら粉に酒・塩を入れて薄めの衣を作る。
3 1に2の衣をつけて120℃の油で揚げる。

伊那市 ワンポイント
お盆やお彼岸に大皿で並ぶ天ぷらの中で欠かせないのが天ぷらまんじゅうです。

伊那平をいただく

聳える木曽と赤石の山脈
二つのアルプスに抱かれた伊那平
天竜川に水の糸が縒れ合う
段丘と扇状地は森に続く。
上伊那は水田や酪農地帯
下伊那は林檎の南限、甘柿の北限。
「蜂の子」はおごっそうだ。
小さい小さいよろこびを追っかけて
生きている‥椋鳩十の碑が
故郷を眺めている。
林檎の並木がある町で
いただくのは「蕎麦」と「おたぐり」

あの水この水の天竜となる水音
山頭火

蜂の子の甘露煮（伊那市）

おたぐり（飯田市）

喬木村アルプスの丘公園にある
椋鳩十の碑。伊那谷も一望できる

精神的にも肉体的にも
松風になりたい
日本の村々に 人たちが
小さい小さい よろこびを
追っかけて 生きている
ああ 美しい
夕方の家々の 窓の
あかりのようだ
昭和六十二年十二月二十六日
椋鳩十
平成四年 妻 みと子 書

伊那谷南信地域の

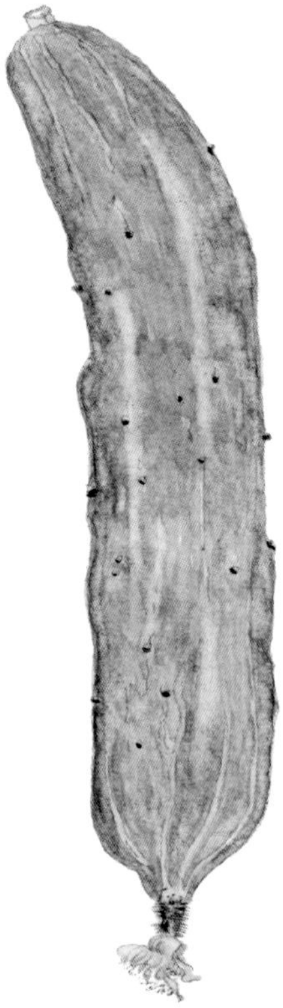

せいないじきゅうり
【清内路胡瓜】

●大正時代に育成された「立秋」がもとではないかとされる。「出づくり」の盛んだった頃から栽培が続く。果長は25～30cmで、肩部が濃緑色で尻部にかけて淡緑色になる。お盆過ぎに収穫される夏秋どり品種。種子数は多く、厚く硬い果皮をしている。味噌をつけて生食やサラダとして食べるが、赤根大根と一緒に合わせた漬け物として利用される。

収穫：７月下旬～８月下旬
阿智村清内路

たかとおてんとうなんばん
【高遠てんとう南蛮】

●高遠では古くから「てんとうなんばん」「てんとうまぶり」と呼ばれる唐辛子が栽培されてきた。享保20（1735）年の高遠領産物書上帳に「てんとうまぶり」の記載。昭和35（1959）年の美和ダム完成以前から種を貰い受けた農家が自家消費と近隣の住民で分配しながら栽培されていた。実は小さく上向きに着果するのが特徴。3月に播種、5月末～6月に定植、7月に開花、果実に赤みがさしだす頃に収穫し、株ごと干す。

収穫：９～10月中旬
高遠町山室地区

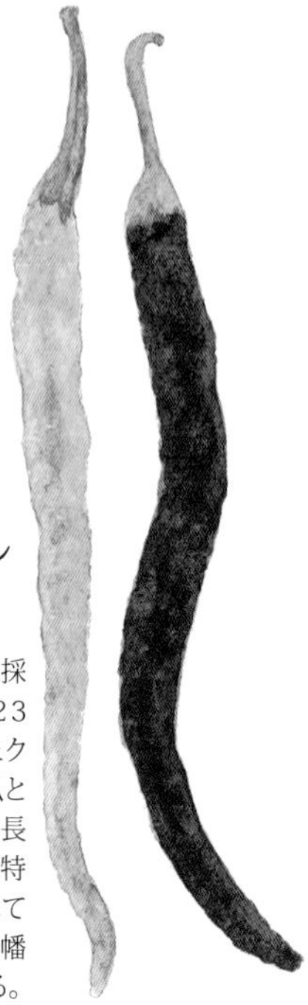

おおしかとうがらし
【大鹿唐辛子】

●大鹿村大河原で50年以上前から自家採種を繰り返し栽培されてきた。平成23（2011）年「大鹿村・食の宝探しプロジェクト」で存在が確認された。辛味は鷹の爪と同等程度。辛みは強いが旨味もある。細長く、へたに近い方にくびれがあるのが特徴。地域内では唐辛子味噌に加工されて食べる。一味唐辛子にも加工される。八幡屋礒五郎の原材料の１つにもなっている。

収穫：9月～10月
下伊那郡大鹿村

しもぐりいも
【下栗芋】

●起源は江戸時代にさかのぼる。塊茎色は赤芋と白芋の2系統。赤芋は春先甘味が増し煮物にする。茎は細く7～8本、花色は淡赤紫色、塊茎は長卵形が多く小型。肉質はしまっているので煮崩れしない。エゴマ味噌をぬって田楽芋にする。大きい芋は煮物、小さいのは丸ごと茹でてから揚げにして味噌和えにする。

収穫：7月下旬～8月中旬
飯田市上村

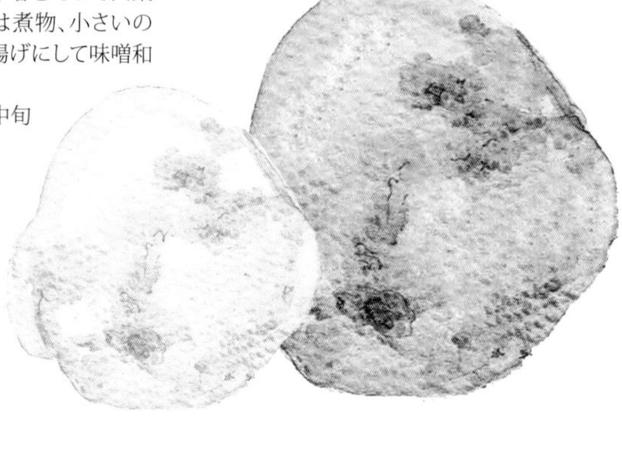

伝統野菜

ていざなす【田井澤茄子】

●明治20(1887)年頃、田井澤久吉が東京の種苗店から取り寄せた巾着型のナスが起源とされる。アメリカで育成された品種。果実の長さは25cm・重さは400g以上、大きな長卵型で果皮色は赤紫色で光沢はない。種子は多いが小さく、肉質がやわらかく、焼くととろけるような食感で、あくは感じない。縦半分に切り、切り口に包丁で切れ目を入れ、油と味噌を塗って焼きなすにして食べる。お盆にはクルミに和えて仏様に供える。

収穫:7月中旬〜10月下旬
天龍村

しげこなす【志げ子茄子】

●昭和30年頃、喬木村阿島地区に住んでいた池田栄一さんが天龍村から茄子の種を譲り受けて栽培したのが始まり。ていざなすだと思って育てていたが、持ち帰ったのは全く別の在来品種の長茄子だった。種を受け継いで半世紀以上守り続けてきた娘の志げ子さんに因んで「志げ子なす」と命名された。果実の先端部が尖って、赤紫の果皮色でアクが少なく、果皮・果肉が柔らかく、食べると口の中でとろけるような食感が特徴。漬物の他、果肉が柔らかく熱が通りやすいので丸ごと一本の焼きなすや蒸しなすがおすすめ。

収穫:7月上旬〜10月下旬
喬木村

あかずさといも【赤須里芋】

●昭和初期から栽培、粘りが強く火が通りやすい。平成29(2017)年3月に信州伝統野菜認定委員会が駒ヶ根市上赤須の農業佐藤守男さん(83)が個人で戦前から受け継いでいる「赤須さといも」を「信州の伝統野菜」選定した。信州の伝統野菜「赤須さといも」選定(長野日報)

あかいしくれない にんにく【赤石紅大蒜】

●富田を中心とした南部地区で大正時代末期には栽培されていた。外皮が赤紫色で、やや小ぶり。1球あたりの片数は6〜9片、鮮やかな赤紫色をしている。香りが強く茎を触っただけでも残る。独特の辛味が特徴だが穂や茎にもうま味がある。一般品種に比べると痩せた土壌や病害虫への耐性が強い。

収穫: 7月〜11月
下伊那郡喬木村

ちよねぎ【千代葱】

●飯田市千代地区で昔から栽培されている分けつ性の葱である。元品種は愛知県の伝統野菜「越津ねぎ」。軟白部は約20㎝、葉身部は約40 ㎝で、全体が細くて軟らかいので軟白部はもちろん葉身部も食べることができる。甘み辛みが強く香り高い。地元では薬味用に、刻みねぎやねぎだれにする他、ねぎぬた・すき焼き・天ぷらにしていただく。

収穫:9月下旬〜1月中旬
飯田市

●おいしい信州ふーど図鑑(長野県農政部農業政策課)

大地の恵みをたっぷりと

おおびら

材料（10 人分）

里芋……500g
人参……1本（200g）
しいたけ……50g
しらたき……200g
鶏肉……50g
醤油・酒……各少々
だし汁……800cc
昆布……15cm角
鰹節……30g
絹さや……適宜

作り方

1 人参・しいたけ・里芋は1.5cmくらいの乱切りにする。
2 しらたきは3cm、鶏肉は一口大に切る。
3 人参・里芋・しいたけはそれぞれ下ゆでしておく。
4 材料をだし汁で煮て、野菜がやわらかくなったら酒・醤油で味を調える。

安曇野市

ワンポイント

彩りにゆでた絹さやなどをのせても良いです。

ふっくらと仕上げた

高野豆腐の煮つけ

材料

高野豆腐
かんぴょう
切り干し大根
干ししいたけ
人参
鶏挽き肉
A塩・酒・みりん……各少々
B ┌塩……少々
　 │醤油……大さじ1
　 └砂糖……大さじ2
片栗粉

作り方

1 高野豆腐は水で戻して2つに切り、さらに真ん中に切り込みを入れて袋状にする。
2 かんぴょう・切り干し大根・干ししいたけは水で戻し、しいたけは細切りにする。戻し汁はとっておく。
3 しいたけ・切り干し大根は水気をよく絞り、細切りにした人参・ひき肉と和え、Aをふってさらに混ぜる。
4 **3**を高野豆腐に詰めて切り口に片栗粉をまぶしたら、戻したかんぴょうで縛る。
5 鍋に戻し汁とBを入れ、**4**を並べてやわらかくふっくらするまで中火から弱火で煮る。
6 調味料を調節して味を調える。

安曇野市

ワンポイント

枝豆や銀杏、三つ葉などの緑を加えるときれいです。薄味なので好みで調味料を足してください。

食欲をそそる
ガーリック枝豆

材料
枝豆
にんにく
塩

作り方
1 枝豆はゆでておく。
2 フライパンに油を熱し、みじん切りにしたにんにくを炒める。
3 香りが立ってきたら枝豆を皮ごと加え、塩をふって味を調える。

安曇野市
ワンポイント
にんにくの香りがたまりません。冷凍枝豆を使っても簡単にできます。

葉まで使い切る
大根葉のおひたし

材料
大根葉
油揚げ
だし
塩・醤油
辛子・鰹節（好みで）

作り方
1 油揚げは湯通しして油抜きし、短冊切りにする。
2 鍋にたっぷりの湯を沸かし大根の葉の茎の方からゆでたら、絞って水気をきり、食べやすい長さに切る。
3 **1・2**と調味料を和える。

安曇野市
ワンポイント
好みで辛子や鰹節を加えると美味しいです。

あともう一品欲しい時に
大根の即席漬け

材料
大根
大根の葉
砂糖
塩
酢

作り方
1 大根は皮をむき、薄いいちょう切りにする。
2 大根の葉は先の部分をよく洗い細かく切る。
3 ボウルに調味料を合わせて**1・2**を和える。

安曇野市
ワンポイント
すぐできるのであと一品欲しい時に便利です。少しおいても美味しいです。

「夏いちごを作りたい」と移住して標高1350mに〝デジタル〟ハウス南相木村は江戸時代からそばの里

農園前からは南相木の田園風景が見渡せる

県開発の希少品種サマープリンスは夏秋いちご。暑い時期は酸っぱく、秋になると甘くなる

山梨県須玉市から信州峠を越えて川上村に入る。唐松林の切れ目から山間の緩い傾斜地に畑が広がっている。高原野菜レタスの生産量日本一の村。標高 1185.5m にある村役場も日本一の高さ。千曲川の源流があることに由来する町名である。県道２号川上佐久線で馬越峠を越えると南相木村だ。峠越えの道が多いのも山国長野の特徴かも。「夏いちごを自分の手で作りたかった」と話すのは新規就農者の丸山英樹さん。4 年前に脱サラして家族で移住した。栽培も初めての体験だ。１年間研修を受けて不安もあったが農業の世界に飛び込んだ。今 3 年目。標高 1350m の山間部にハウス３棟を設置した。広い農園から丘陵に拓かれた田園風景が美しい。標高 2112m の御座山方面から日が昇る。午前 6 時から収穫作業を始める。山の朝の鋭い日差しがハウスの

花を添えた夏いちごのセット。丸山英樹さん

「幸福な家庭」の花言葉の花を添えてお届けする

中ではやわらかい。光を浴びたいちごたちはたっぷり水を吸っている。葉の先に溢れる水玉が青空と緑の森を映す。いちごは冬の食べ物の印象が強い。夏秋いちごは 6 月から 11 月に栽培されるいちご。長野県では 2001 年頃から栽培が始まり、2003 年にサマープリンセスが開発された。「暑い時は酸っぱいが秋になると甘くなる。色づくのに時間がかかる。糖分をじっくり蓄える」という。2018 年には後継種のサマーリリカルが開発された。最新デジタル技術を活用したスマート農業を実践する。ハウスの温度や湿度などはパソコンやスマートフォンで管理する。家庭に届けるパッケージには赤いイチゴに花を添える。いちごの花言葉は「幸福な家庭」。朝 6 時に役場の前の坂を登った山間にそば畑が広がる。相木蕎麦は江戸時代から伝わる在来の蕎麦である。

自粉100%の相木そば。滝見の湯食堂でいただける

3棟のハウス。内部の温度や湿度・日射量・土の温度などは農業用観察システムを使ってパソコンやスマートフォンで管理するスマート農業を実践している

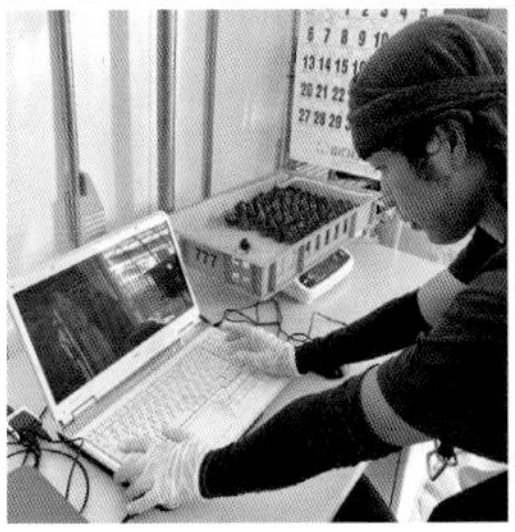

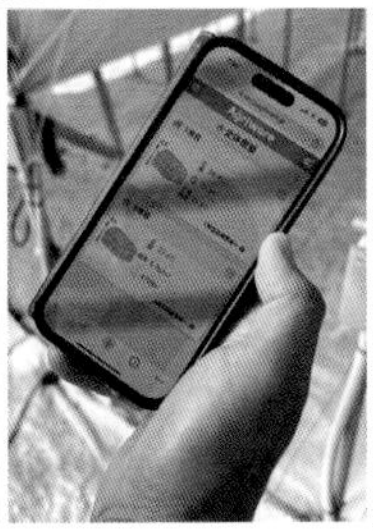

立岩湖（上）と立岩
60mの岩の上にはスサノオ尊が祀られている

川上村の特産は高原野菜。レタスの生産量と役場の標高は共に日本一である

そばの花とそば畑。南相木川の谷筋が居住地域で大きな建物が村役場である

田植えのごっつぉ
田植え煮物

材料

じゃがいも……400g
人参……100g
塩漬けわらび……400g
凍み大根……2本
むじな豆腐……適量
昆布（10cm角）……1枚
水……5カップ
醤油……大さじ4
塩……ひとつまみ
砂糖……大さじ4
だし……少々
酒……大さじ2

作り方

1 凍み大根は前日から水に浸け戻しておく。わらびも前日から塩出ししておく。
2 凍み大根を一口大に切ってゆでる。じゃがいも・人参は2cm大の乱切りにする。わらびは5cm、昆布は一口大に切る。
3 わらび以外の材料を鍋に入れ、調味料を加えて強火にかけ、沸騰したら中火にしてやわらかくなるまで煮る。
4 わらび・むじな豆腐を入れて一煮立ちしたら、味を調えて火を止める。

飯山市
ワンポイント
とうど（田人）衆にふるまうために大鍋で身欠きニシンなどと煮込みました。

一年中保存できるじゃがいもを使って
芋鱠（いもなます）

材料

じゃがいも
酢・砂糖・塩

作り方

1 じゃがいもを細い千切りにする。
2 水を替えながらしっかりでんぷんを取り除いたら、ざるにあげて水気をよくきる。
3 油でさっと炒め、油がなじんだくらいのタイミングで酢・砂糖・塩を加え水気がなくなるまで炒める。

飯山市
ワンポイント
シャキッとした歯ざわりを残すために酢を入れるタイミングが大切です。

簡単美味しい

鯖缶ご飯

材料

米……2合
鯖缶……1缶
しめじ……適量
小ねぎ……適量
醤油・みりん・酒……各大さじ1

作り方

1 米はといでざるに上げる。
2 調味料と鯖缶の汁を入れ、分量の水に合わせる。
3 ばらしたしめじと鯖を米の上にのせて炊く。
4 炊き上がったら鯖をほぐしてさっくり混ぜ合わせ、好みでこねぎをちらす。

飯山市 ワンポイント
調味料は好みで調整しましょう。生姜を入れても美味しいです。

ほっくり味のしみた

南瓜煮

材料

かぼちゃ
酒
砂糖
みりん
醤油

作り方

1 かぼちゃはわたと種を取り除き、食べやすい大きさに切る。
2 **1**が重ならないように鍋に入れ、水・酒・砂糖を加えて煮る。
3 かぼちゃがやわらかくなってきたら醤油・みりんを加え、味が染み込むまで少し煮込む。

飯山市 ワンポイント
かぼちゃがかたくて切りにくい時は、電子レンジで加熱してから切ると良いです。

夏のスタミナ料理

鯨汁

材料

塩クジラ
人参
味噌

作り方

1 人参は細切りにする。
2 塩クジラは洗って5mm幅の短冊切りにする。
3 鍋に湯を沸かし**1**・**2**を入れる。
4 具が煮えたら味噌を入れる。

飯山市 ワンポイント
塩クジラとはクジラの皮付きの脂身を塩漬けにしたものです。保存食で山間の貴重な動物性タンパク源でした。

標高1000mの菜園で身土不二 百姓百品‥畑も部屋にもあふれ 雪に閉ざされる冬の食材は乾燥物

農ある豊かな暮らしを実践している細井千恵子さん

南相木村小学校の裏側に細井さんの自宅がある。家の前にゆるく傾斜した菜園場が広がっている。広さは 90 坪ほど果樹に野菜に山菜にハーブ‥午前の光が溢れる菜園を案内してくれた。庭を見下ろしベンチには茗荷、奥のベランダには梅干しの陰干し。菜園を歩く。私農法‥土を大事に‥生き物の宝庫‥話が続く。ピーマン・いんげん・ほおずき・玉蜀黍・猿梨・胡瓜・葱・茗荷・トマト・人参・白茄子・韮、「あら西瓜の赤ちゃん」‥段々畑の住人たち。「菜園をひとまわりして、その日授かった野菜や野草から今日の献立を考える」。野菜達との会話を楽しんでいる。多くの人たちの技や知恵をノートにまとめている。「夏は冷えるものを、冬は温めるものを、自然は黙って用意してくれている。おじいちゃん、おばあちゃんは自然の恵みをくらしの中にいっぱい

自然・土・微生物・生命・動的平衡‥の背文字が見える

どくだみ・あけび・なつめ‥大好きな果実酒が並ぶ

取り込んで私たちを育ててくれた。私たちも子や孫といっしょに、このくらしをとりもどしたい。」（平成 13 年のメモ）。平成 12 年『寒地の自給菜園 12 ヶ月・1 年間切らさず収穫し、おいしく加工貯蔵する』を農山漁村文化協会から出版した。標高 1000m の貴重な実践記録。部屋の中にはあけび酒・バースニップ酒には杏子の種とたんぽぽの根・夏目酒・胡桃酒・梅桃酒‥漬けた容器が並んでいる。乾燥した草花も‥。「百姓百品。百品作ると百通り以上の保存・加工法がある」。それぞれが暮らしの知恵。村にずっと生きてきた農の文化だという。「小さな自給菜園の中には発見と感動と感謝がある。お金やものの豊かさ、便利さでは計れない豊かさと人間らしいくらしがある」。菜園の絵地図《農のある豊かな暮らし》は細井さんが昭和 62 年に描いた。

書斎に通じる小径のベンチには茗荷が干してあった

信州の常備菜①

なめたけ

材料

えのき
みりん
醤油
砂糖(好みで)

作り方

1 えのき茸の株を切り、上の部分を1.5〜2cmに切る。
2 鍋にえのき・みりん・醤油を入れ、中火にかける。
3 ぐつぐつしてきたら火を止める。

ワンポイント

中野市

えのきからの水分だけでとろみがつきます。ピリ辛にしたいときは鷹の爪を少し入れると良いです。

信州の常備菜②ふりかけがわりにしても

野沢菜炒め

野沢菜ぼた餅

材料

野沢菜漬け
炒りごま(白)
鰹節
油
みりん
醤油
砂糖(好みで)

作り方

1 野沢菜漬けは水気をよく絞って細かく刻む。
2 熱したフライパンに油を入れ**1**を炒める。
3 みりん・醤油・(砂糖)を加えさらに炒め煮して水分をとばす。
4 鰹節と白ごまを入れて火を止める。

ワンポイント

中野市

漬かりすぎた野沢菜は水出ししてから使います。塩分があるので醤油は色付け程度にします。ぼた餅にもOK!

珍しいお豆

くらかけ豆

材料

くらかけ豆
水
塩

作り方

1 くらかけ豆は水に浸し一晩おく。
2 鍋に水と豆を入れ中火にかける。
3 20分ほどゆで、好みのかたさになったら湯をきり水にさらす。
4 皿に盛り、塩を少々ふる。

中野市

ワンポイント

塩ではなく醤油でも。枝豆のように多少早ゆでででも歯ごたえがあり、柔らかくゆでても美味しいです。色を鮮やかにするため、水で少ししめます。

食欲がないときに

夕顔の煮物

材料

夕顔
人参
ズッキーニ
玉ねぎ
しいたけ
さつま揚げ
好みの野菜
みりん・醤油

作り方

1 夕顔は皮をむき、わたを取り短冊切りにして先にゆでておく。
2 鍋に少量の水と人参・玉ねぎ・ズッキーニを入れてみりんと醤油で煮る。
3 野菜がやわらかくなったらしいたけ・さつま揚げ・夕顔を入れ味がしみたら火を止める。

中野市

ワンポイント

先にゆでることでつるんとした食感になります。

えのきの新しいエコな食べ方

えのきステーキ

材料（2人分）

えのき茸……株つき2個分の下の部分
小麦粉……少々
油……適量

作り方

1 えのきの株下を2cmほど切る。
2 上下に小麦粉をつけ、油を熱したフライパンで焼く。
3 小麦粉をつける前に塩こしょうをし、バターで焼いておいても美味しいです。

中野市

ワンポイント

信州のソウルフード「やたら」のソースをのせて食べると最高です。

山の上の畑までの細道を軽トラで ぼたんこしょうと茗荷と季節の野菜 「やたら」は暑い夏のおかずです

「種のところが辛いんです」

やたらは信州の夏を代表するおかず。胡瓜・茄子・茗荷・紫蘇の実など夏野菜とぼたんこしょう、味付けになる漬物。材料を微塵に切って混ぜ合わせる。今ある材料をむやみやたらに使うから‥とか、ご飯にのせて食べるとやたらにうまいから‥で付いた呼び名とか。早朝、ぼたんこしょうの畑に向かう。うねうね続く山道を飛ばす軽トラ。必死で追いかける。北信州の斑尾山麓で昭和初期から自家用に作られ、名前もなかった。「低地に植えると辛さと甘さのバランスがうまくいかない」。畑は標高 800m。木を伐り土を耕して作った。暑い時期の成長が早く、寒暖の差が大きいほど辛さが増す。触った感触‥硬くてツヤが出たら収穫する。辛さは「食べてみねえとわからねえから困っちゃ

牡丹の花のようだから「ぼたんこしょう」

保存会代表の大内さん(左)と提唱者の松野さん

う」。熟すと赤くなり辛さがまろやかになる。種のつく白い芯の部分に辛味成分がある。辛さの中に甘さを感じるのがぼたんこしょうの特徴だ。それぞれの畑で栽培するぼたんこしょうとピーマンとの交配が進み、細長い実になったり辛味が薄くなるものが目立つようになった。平成 20 年 3 月、本来の特徴を持つ種を保存するため「斑尾ぼたんこしょう保存会」を作った。呼びかけたのは松野富子さん、代表は大内ふじこさんだ。今、会員の平均年齢は 75 歳。「次世代に引き継ぎたい」。梨久保に移住した深野家での夕食会。大工さんのご主人が古民家を再生した。ぼたんこしょう・丸茄子・夕顔など夏野菜の料理が並ぶ。大内さんのご主人からはシナノユキマスの刺身と唐揚げ。

朝の水やりが楽しいのは虹が出るから‥

畑に続く山道を毎日、軽トラで走る

ぼたんこしょうの花

丸なす

「たかやしろ」と呼ばれる高社山(1351.5m)は郷土の信仰の山

斑尾山麓にあるシナノユキマスの養殖池と刺身

高社山を眺望する梨久保の深野家

家の前には菜園場が広がっている

ぼたんこしょうとユキマスと菜園場の野菜を使った食味の夕餉

ピリ辛がアクセント
茄子トマトグラタン

材料
茄子・トマト・玉ねぎ
きのこ・ぼたん胡椒
ベーコン
塩こしょう
オリーブオイル
とろけるチーズ

作り方
1 玉ねぎ・きのこ・ベーコンに塩こしょうをふり、オリーブオイルで炒める。
2 トマトは厚めの輪切りにする。ぼたん胡椒も輪切りにする。
3 茄子は5mmの輪切りにし、フライパンにオリーブオイル多めにひいて1枚ずつ焼く。
4 トマト・茄子・チーズの順に重ね、オーブンで焼く。
5 最後にぼたんこしょうを飾りつける。

中野市
ワンポイント
辛いのが苦手な場合はぼたんこしょうをのせずに食べましょう。

いつものコロッケに一工夫
ぼたんこしょうコロッケ

材料
じゃがいも
ぼたんこしょう
玉ねぎ
豚ひき肉
塩こしょう
小麦粉・パン粉
油・揚げ油

作り方
1 ぼたんこしょう・玉ねぎはみじん切り。
2 フライパンに油をひき、豚ひき肉に塩こしょうして炒める。
3 じゃがいもをゆでてつぶし、**1**・**2**と混ぜ合わせる。
4 コロッケの形に整えて冷まし、1時間程冷蔵庫で寝かせる。
5 **4**に小麦粉をふり、水に溶いた小麦粉、パン粉で形を整え揚げ油で揚げる。

長野市
ワンポイント
ぼたんこしょうは、やたらに入れたり、ぼたんこしょう味噌、佃煮など色々な食べ方があります。

大豆の風味を生かした団子
むじな豆腐

材料
大豆……50g
薄力粉……50g
水……35cc

作り方
1 大豆は一昼夜水に浸し、すり鉢で少し粒が残るくらいにすりつぶす。
2 **1**に小麦粉と水を加えて混ぜ、20等分して楕円形の団子にする。
3 熱湯でゆで、甘辛のたれ、きな粉などにつけて食べる。

飯山市
ワンポイント
椀種やおでんなどの鍋物にも。煮物に入れる場合は**2**の団子をそのまま味付けしただし汁に入れ、5〜6分煮る。

人が集まる時に

やたら

飯山市

材料

ぼたんこしょう
丸茄子
茗荷
しその実
その他生で食べられる野菜
味噌漬け

作り方

1 ぼたんこしょう、茗荷、丸茄子をみじん切りにする。
2 丸茄子は、水につけてアクを抜く。
3 水気を切り他の具と混ぜ合わせる。

中野市

ワンポイント
名前の由来は、その時々にある色々な野菜をむやみやたらに切って混ぜることから、またはご飯や蕎麦の上にのせて食べるとやたらとうまかったからとも言われています。

冬の寒さを利用して作る保存食

凍み大根の煮物

材料

凍み大根……1 本	むじな豆腐……適量
じゃがいも……400g	だし汁……5 カップ
人参……100g	醤油・砂糖……各大さじ 4
ちくわ……2 本	みりん・酒……各大さじ 2
塩漬けわらび……400g	塩……ひとつまみ

作り方

1 凍み大根は水に浸けて戻す。わらびも塩出しする。
2 じゃがいもは皮をむいて一口大、人参も一口大に切る。ちくわは一口大の斜め切りにする。わらびは5cmほどに切る。
3 鍋に**1**〜**2**を入れ、だし汁をひたひたに入れる。
4 **3**に他の調味料すべて加えて、中火でゆっくり煮含める。
5 わらびとむじな豆腐を鍋に加えて、5〜6分煮て火を止める。

飯山市

ワンポイント
凍み大根は煮るとたくさんの水を含むことから、田の水に困らないとの意味で使われました。

日だまりよもやま話

中野市永江のりんご畑で…その1

　やっと慣れてきた方言が耳に残っている。最初は聞き取れなかったのに心地よい風が通り抜けた感触だ。なんでもなく通り過ぎる日々の会話。暑かった夏の日々が過ぎたとはいえ名残り陽差し込むりんご畑の片隅で佐野五百子さん（78）と中島愛子さん（89）のよもやま話に耳を傾けた。

五百子　自分じゃ方言だと思ってないよね。そしたらよそから来たお客さんが、え今なんて言ったって。私なんかおかしなこと言ったかしらって。せばさ、方言なんて知らんで話してる。

愛子　だっておれら孫なんかこればただ面白がってるで。

五百子　方言てなんか味があるんだってね。でもわたしらなにげなく昔のまんまで言っちょっとからさ。

愛子　標準語さ思って喋ってるから。

五百子　私もこの人もね、奥の方の山ん中。この人はね過疎になってるけど。今の吉沢だな。

愛子　集団移住でさ、吉沢団地27軒。同級生5人もいた。

五百子　私はこのまたちっと奥引っ込んだね、隣は飯綱町で昔は三水村だったけど。ひなた村ってね。あっこもへぇダメになちゃったけどね。私も昔は永田村で‥

愛子　梨久保いうとこ。

五百子　お寺もあるけど、今はもう誰も住んでね。あっこはね、私ら育った頃40軒もあった。

ずっと上がっていくと、まあ近道で。そこはバス通る道でさ。そっから学校へ通ってた。4キロよね。

愛子　その前3年生のな、学校の分校ってのあってな。今もまだ家はあるんねえかい。

五百子　もう家はねえや。全部壊してねえ。

愛子　それで4年生から、この本校へ来た。

五百子　昔、家畜はどこの家もだいたい飼ってた。牛や山羊。それで私の父親が大工さんで。ほら昔の大工さんって車じゃなくて自転車に道具箱乗せて泊まりで行かるんだ。たまに帰ってこらった。それで母親は、まぁ少しの田んぼばや、自分で親方になって最盛期にはちょっと手伝ってもらってね。

牛の耕すのやなんかは本家の父ちゃんに頼んで、あとは自分でみんなやってね。それが私らだっていくらちいせいだって、できることはみんなやらされた。わらな、ご飯食べるんならなんか手伝えってんだよ。あたりめぇに思ってたな。

　だから私もここの家来てから、うちの今の跡取りのやっこさんに、われな、あの兄ちゃんもそうだしさ、みんなに、ご飯食べるんだから半日は休みの日は手伝いした。そしたらね、あの兄さ、ある時に、春の枝片付けの時、なんでどこた男の子4～5人で来るんだよ。自転車に乗って。母ちゃん、どこ拾うんだいって。枝拾い。だからああわれどこ拾うんだいつったらそんなのきかねえや。おい、ここ拾いっちゃ。

中島愛子さん

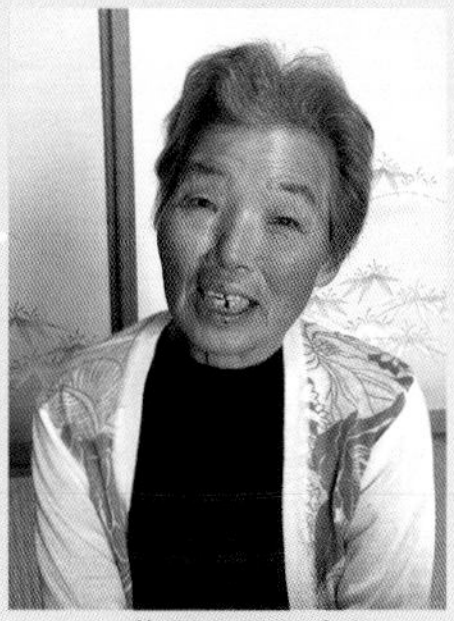

佐野五百子さん

愛子　子分のみんな連れて来て。

五百子　それで畑見ればわかるけど、あの広いとこね、まだ拾うとこあった。母ちゃん拾ったぜって言うから、うんありがとう。おい、えくぞって言って行っちゃったんだよ。知ってれば飴の一つずつでも持ってこればいいけん、なんらせてただたな、びっくりしてさ。子供だから呼ぶわねえの。あたら、おらだって1人かと思って、わりぃここ拾ってくるやんつったら、おい、ここ拾いっちゃなんつって。終わったぜって言うから、あーそうじゃ、しょうがねえ。いや、ありがとうって言ったら、あー、えくぞっなんて言ってちゅうっと行っちゃうんだ。友達いなくちゃな、面白がねえから。

愛子　仲間でみんな拾わせて、そしたらあとらくらく遊ばれる。

五百子　そうだから私も。子供なりに考えて、おらはおらなりに考えてさあ、ご飯食べるんだから半日は手伝えよなんつって。

愛子　昔は家の手伝いをするのは当たり前のこと。

五百子　姉もいたんだけど、姉は姉で半日やっぱり手伝ってね。夕方になればまた私ら、あのキノコもちっとばっかやってたんだ。それで、うち、暗くなっくれば、今度キノコの小屋へ行ってさ収穫すんの。ほんだから姉ちゃんに、おい、なんでもいいから作ってくれやせったら、母ちゃんなんでもいいだって、なんでもなうよ。なめこだったな。しめじとかな。

愛子　あの頃は個人の家でな。

五百子　いや〜いまだに頭に残ってる。姉ちゃんなんか作らせったら。

愛子　おらのうちの子だってそうだ。

五百子　少しはその当時、店あったんだ。でも金が自由にならねんだ。

愛子　お金はじいちゃん握っててな。

五百子　じいちゃん握っててさ。だからもらうって、おかず買うから欲しいって言えないんだな。

愛子　もったねぇさ思うから‥。おかずでも。

五百子　それでね、おらある時、ばあちゃんにね、あの写真にあるおばあちゃんにね。そんでも自分でだから、少しの金でもいいがらね、近所で働けたんだ。アルバイトみたいなんだから。ほんとにひと月、昔ですれば2万か3万になった。おばあちゃんにちっとやったり。

子供の成長時期にはさ、大根に肉食えって入れてと思ったら、おばあちゃんが大根にゃ肉入れちゃいけねぇって。おれ、その時知ったんさ。まあ、いい肉じゃないからな、ばあちゃんに別に金もらうわけじゃないから、これくれぇくれなくちゃ子供だってな、今の時代はついていかんね。そしたらおばあちゃん黙っちゃったけんね。だってばあちゃんにもらう、兄ちゃんにもらうんじゃね、自分で微々たる金でさ、買って来てって。そしたら大根に肉入れちゃいけねぇな。このばあちゃんたちもまた昔だから。

愛子　味噌買って3杯飯食わんねけりゃな。今それちゃうね、軽く一杯でな。今だっておかずいっぱいねけんさ、それでもな、いいけん。昔は味噌買って大根かじって3杯食わなけりゃな。米も全部うちで作ってたもんね。

五百子　おらよく知らねけん終戦後がや、疎開して来た人がいたの。だからほら家族が頭数だけすごいんだよ。白い米何食べらんないでかったらしい。私らはそんでもね、分家であって父さんはうちにある程度いなかったから米だけは食べられた。

ここのうちはね、もうな疎開はしてな、おら何人だか知らねんけ結構いたからね。毎日毎日大根飯だ。お菜を入れて‥早くせいえば増量剤だ。また今日もお菜のご飯か、せってな。だけん腹減ってれば。

愛子　菜っ葉ばっかじゃねぇ大根もじゃがいももみんな刻んで一緒に炊いて‥。

五百子　私は上にいたとき、子供の頃だから覚えないけどさ。

愛子　へえ私は覚えとる。

善光寺平をいただく

姨《うば》捨《すて》の棚田の大岩に
座り続ける地蔵様
善光寺平の眺めを独り占め
千曲川の川面が青空を映す。
夏の日差しと日照時間
美味しい林檎栽培の秘訣
稲作も野菜栽培も盛ん。
茄子や胡瓜、茗荷を刻んだ
「やたら」にはぼたんこしょう
熊笹にのせた「笹寿司」も
暑い日のおごっそう

八重桜美しく南無観世音菩薩像
山頭火

やたら

笹寿司

姥捨の棚田から善光寺平を臨む

善光寺平北信地域の

ぼたこしょう【牡丹胡椒】

●新潟県中越地方にも形が似たこしょう(辛子南蛮)が栽培されている。昭和10年代に婚姻の際に持ち込まれたこと、昭和一桁生まれの方が幼少の頃から自分の家で栽培し、食べていたこと等が確認されている。実は肉厚で果肉は軟らかく、辛さの中に甘味がある。果実の先端が牡丹の花のように見えることが名前の由来。丸焼き・こしょう味噌・味噌漬けの他、天ぷらや煮物としていただく。冠婚葬祭には欠かせない「やたら」にも使われる。

収穫:7月中旬～10月下旬

信濃町

おぶせまるなす【小布施丸茄子】

●明治時代から栽培されていた品種で「晩成丸茄」ともいわれ、大正時代には北信地方で広く栽培されていた。奥信濃の盂蘭盆は1か月遅れの8月、仏様へのお供え、お客様のもてなしに小布施丸なすの「おやき」は必需品。夏のおやきの具材のほか、煮物やからしなすにも利用する。新潟の「魚沼巾着」に似てソフトボール大のやや扁平の巾着型をしている。花痕が大きく、色つやは最近の品種に比べて劣るものの、肉質はしまって硬く、煮崩れしにくく、ほのかに甘い特有の風味がある。

収穫時期7月～9月

伝承地域小布施町

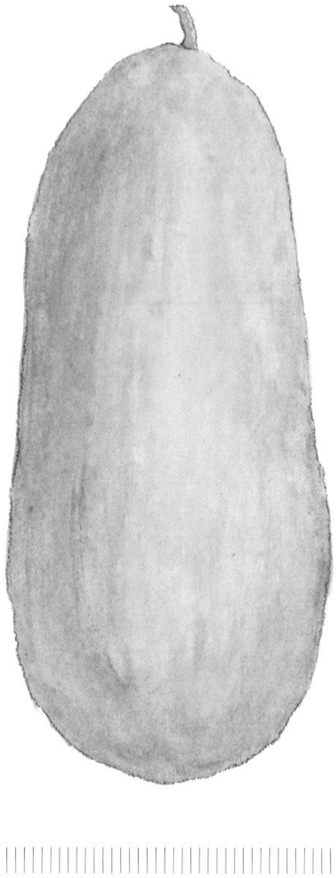

ぬまめしろうり【沼目越瓜】

●沼目地区は地下水位が高くシロウリの栽培に適した土地。果肉の色が淡緑色で、果肉が厚く、柔らかいのが特徴である。皮が薄く、歯ごたえがあるので、高級漬物として利用されてきた。

収穫7月～8月

須坂市沼目地区

ふゆささぎ【冬大角豆】

●一般的なささげは莢が10～30cmで硬く、豆は1cmほどの腎臓形で、白・黒・赤褐色・紫色などさまざまな色の斑紋をもつが、冬ささぎは一般的なものより小振りで未成熟期の子実は緑色で完熟期は茶色となる。完熟期の乾燥させた物を保存し、冬の間の食料として食べたことからの名称と考えられている。地元では莢ごと煮込んで砂糖で味付けしていただく。莢ごと食べられるのが特徴で珍しい食べ方だとされている。2021年、信州の伝統野菜81品種目に認定された。

収穫:9月～10月

信濃町

伝統野菜

さかいいも
【坂井芋】

●江戸時代から栽培される。水害の多発する坂井で、水に強い安定作物はないかと伊勢様へ代参した折りに見付けて導入したのが始まり。飯山市木島地区全体に広がった。芋質は柔らかく、強い粘りを持つ。煮っころがし・けんちん汁・味噌汁の具・塩茹でなどに用いられる。煮っころがしは冠婚葬祭に欠かせず、婚礼で「切る」ことを嫌って丸のまま煮る。収穫時の秋祭りのことを「芋祭礼」と呼ぶほど里芋を重視していた。
収穫：9月上旬〜11月中旬
飯山市木島

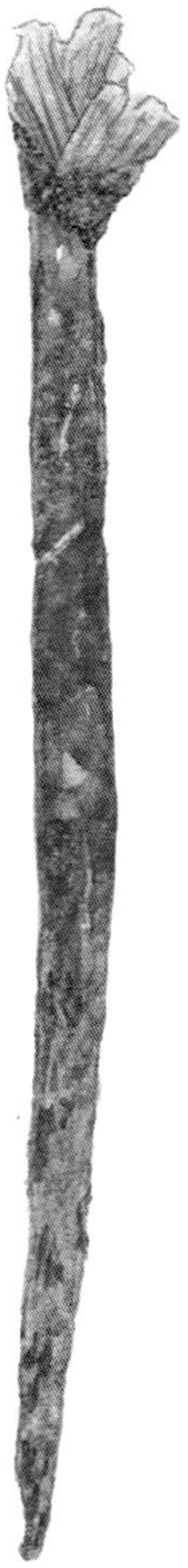

ときわごぼう
【常盤牛蒡】

●天保年間（1830〜44）に天領であった飯山市常盤地区に役人の手により江戸滝野川の「赤茎牛蒡」の種子が導入され、栽培が始まった。大葉で直根の揃いが良く丈夫なため、重い土壌でも形状の良いものができる。丸のままのごぼうを4cmくらいに切り、アク抜きして茹で、砂糖・塩・醤油で味付け、すりごまを絡ませるのがごぼうの太煮。御講仏さんの日などに作って食べた。きんぴら・丸煮・しぐれ煮や炊き込みご飯などにしていただく。
収穫：10月
飯山市常盤

ねずみだいこん
【鼠大根】

●江戸時代に薬用として長崎から導入されたと伝えられる。形状は短形で下膨れ尻つまりがよい。名前はネズミの尻尾のような細長い根があることに由来する。肉質は緻密で硬く粉質性。辛みの中に適度な甘みをもつのが特長で、地元では「あまもっくら」と呼んでいる。すりおろした大根の絞り汁に味噌や薬味を加えた絞り汁にうどんをつけていただくのが伝統食「おしぼりうどん」。おやきの具材やたくあん漬けとしても利用される。
収穫：10月下旬〜11月
坂城町・千曲市

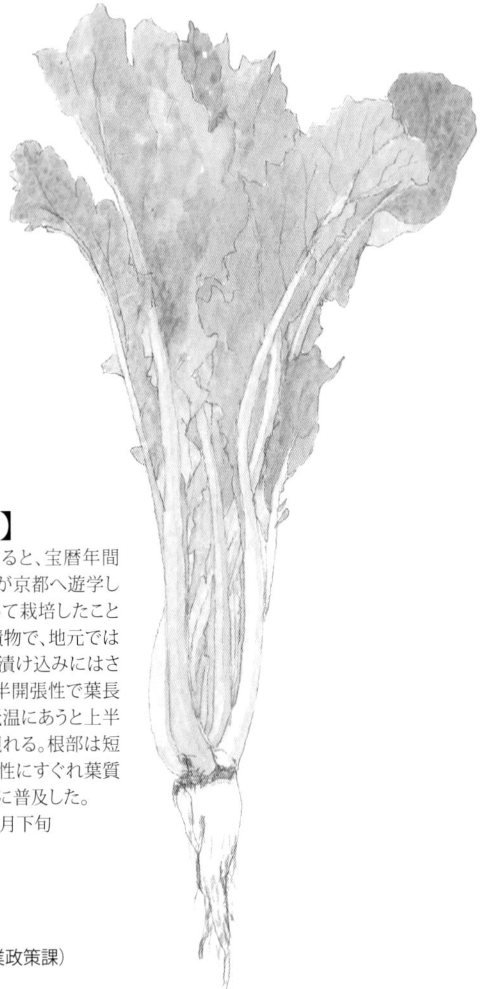

のざわな【野沢菜】

●野沢温泉村の健命寺の口伝によると、宝暦年間（1751〜1763）八世晃天園瑞和尚が京都へ遊学した折、「天王寺蕪」の種子を持ち帰って栽培したことが始まり。古くから日本を代表する漬物で、地元では「お菜漬け」「お葉漬け」と呼ばれる。漬け込みにはさまざまな食材が加えられる。草姿は半開張性で葉長が長く、葉はびわ形で光沢がある。低温にあうと上半分部にはアントシアニンの色素が現れる。根部は短円錐形で首部は赤紫色になる。収量性にすぐれ葉質が柔らかいので浅漬け用として全国に普及した。
収穫：6月中旬〜9月、10月下旬〜11月下旬
野沢温泉村

●おいしい信州ふーど図鑑（長野県農政部農業政策課）

信州のブランド肉を使って

みゆきポークと丸茄子の甘辛みそ炒め

材料

みゆきポーク（ばら肉）
丸茄子
ぼたんごしょう
信州味噌
みりん
砂糖（少々）

作り方

1 丸茄子とぼたんごしょうは一口大に切る。
2 油を入れ熱したフライパンにみゆきポークを入れ、丸茄子・ぼたんごしょうも加え炒める。
3 みりん・信州味噌・砂糖を合わせておき、一度に入れ弱火にして味をからませる。

中野市

ワンポイント

甘辛の辛みはぼたんごしょうから出ます。鷹の爪などは入れませんが、赤パプリカなどを入れると彩りよく仕上がります。

お祝いの彩りに

紅玉の天ぷら ぼたんごしょうの天ぷら

材料

紅玉
ぼたんごしょう
天ぷら粉
水
油

作り方

1 紅玉は皮をむき、軸を取り8等分に切る。
2 ぼたんごしょうは半分に切って軸の部分だけ切り落とす。
3 天ぷら粉をつけて180℃の油で揚げる。

中野市

ワンポイント

紅玉は衣がはがれやすいので少しぽったりとした天ぷら粉をつけた方があげやすいです。ぼたんごしょうはわたも種も辛いですが、揚げることで少し辛さが和らぎます。

新鮮な時期に味わう
大根葉のひき肉炒め

材料

大根の葉
ひき肉
油(多め)
みりん・砂糖・醤油

作り方

1 大根の葉はよく水洗いし、刻む。
2 フライパンに多めの油を入れて熱し、ひき肉を炒めほぐれたら大根葉も入れてよく炒める。
3 砂糖・みりん・醤油で味を調える。

中野市 ワンポイント
ごま油を少し入れて風味よく仕上げても美味しいです。

学校給食人気 No1!
キムタクご飯

材料

キムチ・たくあん
ねぎ
白ごま
豚肉
温かいご飯
醤油・油・ごま油

作り方

1 サラダ油を入れたフライパンを熱しておく。
2 ねぎはみじん切りにし、他の材料は1～2cm程の大きさに切る。
3 ねぎと豚肉を炒め、キムチとたくあんも一緒に炒め醤油とごま油で香りをつける。
4 ご飯と合わせる。

中野市 ワンポイント
長野県塩尻市発祥で、子ども達にたくあんも食べてほしいという想いから食育として学校給食メニューを考える栄養士が考案した料理です。

ご飯に混ぜて
蜂の子ご飯

材料

蜂の子
炊きたてご飯
みりん・醤油

作り方

1 フライパンで蜂の子を炒め、みりん・醤油で味をつける。
2 炊きたてご飯に合わせてよく混ぜる。

長野地方 ワンポイント
蜂の子をカリカリに焼いても美味しいです。

祭りや寄り合いは笹寿司でおもてなし
コロナ後3年ぶりの鎮守様の秋祭り
ごっつぉはそば稲荷や野沢菜おはぎ

熊に注意しながら熊笹取り

笹寿司の故郷は富倉峠。川中島へ向かう上杉謙信の軍が通った道だ。富倉道は古くから信州と越後を結ぶ交易の大動脈。峠近くの大将陣跡は上杉軍が陣を張った場所。休憩する兵士に笹の葉に味噌漬けをのせた飯をふるまった。笹寿司の起源。信玄寿司とも呼ばれる。富倉出の竹田八重子さんが本当の笹寿司作りを見せてくれた。初めの作業が熊笹取り。笹藪の中に分入っての熊笹取りは大変な作業だ。朝早いので熊に出会うこともあるとか、命がけである。家に戻ってから笹を洗って上下をはさみで切り落とすと寿司を載せる笹になる。熊笹は当て字とは牧野富太郎。「葉に白縁が生するところから隈笹という」と。冬に白い縁が出るので縁取笹とも。生薬としては防湿・防臭・殺菌作用。寿司の乾燥を防ぐが乾燥すると効果は期待できない。温故知新である。

笹の茎側を中心に何段にも重ねていく。茎側からいただく。葉先の側は紅生姜が目印になる

人5個食べて　今日は50人分を用意する

田んぼにはざがけができる頃、村の鎮守で秋祭り‥

えのき茸の軸のステーキ。石づきの軸も捨てずにいただく。祭りのごっつぉ

培地・種菌接種・培養、収穫まですべて工場内で生産される。下の写真は培養センター

中野市のえのきたけ生産量は日本一。冬の農閑期の副業として栽培が始まったのが 1957 年。生産者が増えて施設生産に発展した。種菌・菌床の培養はセンターで生育は生産者の栽培施設というシステムで行う。ぶなしめじ・エリンギ・なめこ‥きのこ王国を目指す。

秋は祭礼。「一年中の最大の祭り。集落中総参加親類にツケ（招待状）を出し若者衆が夜宮といって神楽を二組出し、獅子を舞ってその年の豊作を祝う」。豊田村永江神社でも 3 年ぶり。コロナ禍で休止したブランクは埋められず祭り離れが多いとか。行事料理を作る家も少ない。手間がかかるし量も多いので街には専門店もできた。食べきれないほどの量を大皿に盛って取り回しながらいただく‥おうふな（くれ好きな）飯山人気質のとりもち方（もてなし）も消え去ってしまうのだろうか。

そば稲荷

野沢菜おはぎ

神社への参道はずっと上り坂だ

コロナ禍3年ぶりの山車は町内を巡らず‥夜の森に祭囃子が響く

御神木と幟が青い宵闇に浮かび上がる

中野市永江

「謙信ずし」とも言われる

笹寿司

乾燥ぜんまい

くるみ

紅生姜

材料（4人分）

米……3カップ
もち米……$^{1}/_{3}$カップ（米の1割）
水……$3^{1}/_{3}$カップ
笹の葉……25枚
A
┌ 酢……$^{1}/_{2}$カップ
│ 塩……小さじ$^{1}/_{2}$
└ 砂糖……大さじ3
大根の味噌漬け……100g
干し椎茸……2～3枚
紅生姜……30g
戻したぜんまい……100g
くるみ……20g
削り節……5g
砂糖……小さじ1
油……大さじ2
B
┌ 卵……1個
│ 砂糖……適宜
└ 塩……少々
油……少々

作り方

1 米ともち米を混ぜ、1時間前に研いでおき、分量の水で炊く。炊き上がったら10分蒸らし、熱いうちにAの合わせ酢をふりかけ切るようにしてまぶす。
2 Bを混ぜて薄焼き卵にして短冊に切るか、炒り卵にする。
3 味噌漬けは5mmくらいの粗いみじん切りにする。
4 戻したぜんまいは1～2cmの長さに切り、軽く絞って水をきる。
5 干し椎茸は水で戻し、石づきを取って粗いみじん切りにする。
6 フライパンに油を熱し、ぜんまい・干し椎茸をさっと炒め、味噌漬け・削り節・砂糖を加えて水分がなくなるまでよく炒めて味を調える。
7 笹の葉の付け根を少し切り落とし、先端は斜めに切って適当な大きさにそろえ、よく洗って拭く。

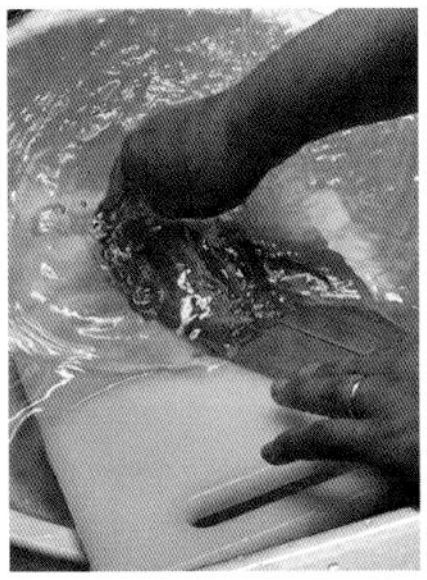

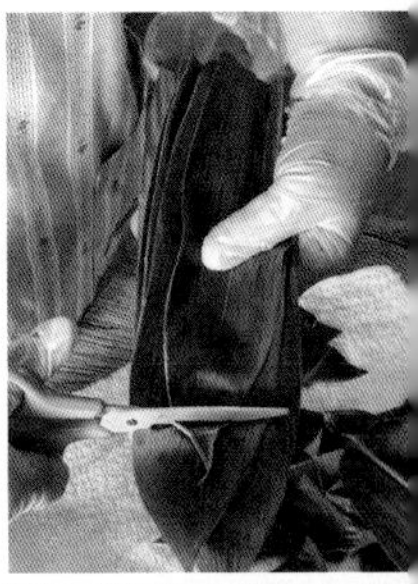

8 手に酢水をつけてすし飯を軽く一握り取り、笹の表に楕円形に広げ真ん中をへこませる。
9 8の上に6をのせ、2と紅生姜・くるみを彩りよくのせる。
10 手のひらで形を整えながら軽く押す。
おぼんなどに平らに重ね、上に笹の葉をのせて軽く手で押さえる。

飯山市

ワンポイント

上杉謙信の軍勢が休息した時にふるまわれたことから「謙信ずし」とも言われます。すし箱を使って笹・ご飯・具を何段にも重ねる押し寿司風もあります。

飯山市富倉　順番に重ねて行く。

飯山ぜにがめ堂　笹寿司

信州サーモン

日本の春の味

きゃらぶき

材料

ふき……1kg
砂糖(ざらめ)……175〜200g
醤油……150cc
酒……100cc
みりん……100cc

作り方

1. ふきは3〜4cm長さに切って2〜3分ゆでて、一晩水に浸けてアクを抜く。
2. 鍋にふきを入れ、調味料を2〜3回に分けて入れながら弱火でじっくり煮る。
3. 朝・夕1時間ずつ中火で煮る。これを3日間行う。加熱する前に天地返しをする。
4. 仕上げにみりんを加え、汁気がなくなるまで煮る。

ワンポイント

飯山市

蕗の薹は冬に黄色の花を咲かせることから「冬黄」がつまって「ふき」になったとも言われています。

おやつに嬉しい

かぼちゃプリン

材料

かぼちゃ
牛乳
生クリーム
砂糖・塩
ゼラチン

作り方

1. かぼちゃをゆでてつぶす。
2. **1**を裏ごしして牛乳・生クリーム・砂糖・塩で混ぜ合わせる。
3. ゼラチンで固める

ワンポイント

中野市

粗くつぶしたり、フードプロセッサーで滑らかにしたりして食感を調節します。

故郷のおやつは昔も今もおやき
小学校では家族揃っておやき体験
道の駅豊田では「あちゃまおやき」

なすせんべい

都会の暮らしに疲れ果てた夫婦が田舎暮らしを通して再生していく映画「阿弥陀堂だより」。ロケ地の隣にあるのが福島の棚田だ。田植えや稲刈りなど飯山東小学校の生徒も参加している。東小学校 4 年生が家族と一緒に郷土料理作りに取り組んだ。講師は郷土料理の伝承活動をしている「いいやま食文化の会」のおかあさん。レシピはおやきとなすせんべい。おやきの餡は小豆あん、さつまいもと小豆あんを重ねたいきなり団子風、丸なすの３種類。なすせんべいは「おこびり」、農作業の合間に食べるおやつである。春まっ先に出てくる韮、秋は玉ねぎなど季節の食材を使う。生地に味噌や砂糖を混ぜたり、生地の水加減や焼き加減でも変わる。家庭それぞれのせんべいがある。

中野市豊田の道の駅ふるさと豊田に並ぶあちゃまおやき。あちゃまは「あ

おやきの中身はさつま芋と丸茄子と小豆あん

瑞穂地区から千曲川と斑尾山が眺望できる

阿弥陀堂（左）　福島棚田（日本の棚田100選）田植えや稲刈りは東小学校の生徒も参加する

んれまぁ」の方言。隣接する豊田農産部加工施設で農家のおかあさんたちが集まって地元で採れる野菜や果物を使った加工品を作っている。おやき部のおかあさん。お盆の時にお供えするのがおやき。小麦とふくらし粉を水で溶いて生地を作る。「昔は８月14日の朝ちょっと早起きした。重曹を使って少し寝かして作るので時間がかかったから‥」。中身はなす。蒸して作る。餡を作るのが面倒な時は蒸しパンにして食べた。春先まで漬けた野沢菜古漬けを細かく刻んで餡にした。やっぱり野沢菜が一番人気。きのこは中野市の名産、じゃがバターはスキー客用に‥と工夫する。夏は丸なす。季節の野菜を餡にする。どの餡もこだわりは生地。りんごのシロップを皮に練りこんでもちもち食感にしている。今、おふくろの味は道の駅で売られている。

あちゃまおやき

あちゃまおやき　なす

おひさまりんごパイ

きのこ

じゃがバター

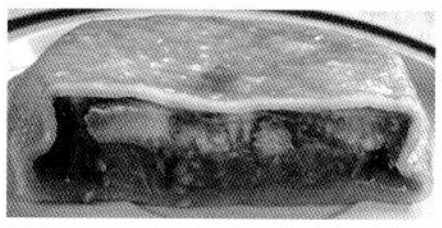

ぼたんこしょう入りピリ辛なす

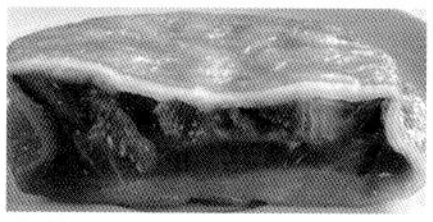

あちゃまおやき なす

おひさまりんごパイ

あずき

なす

かぼちゃ

だいこんミックス

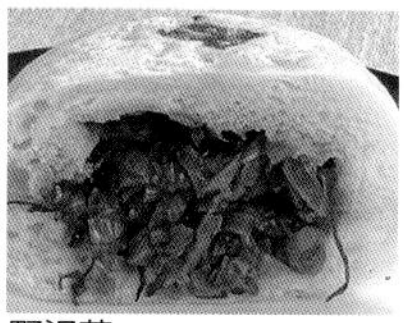

野沢菜

道の駅に隣接する農産物加工施設でおやき作り

休憩時間にはおやき部•菓子部一緒に漬物や果物などをいただく

主食や小昼にもなった

やきもち（おやき）

●材料（12〜13 個分）

薄力粉……300g
ベーキングパウダー……10g
水……180cc

●作り方

1 粉とベーキングパウダーは混ぜて2回ふるっておく。
2 **1**の粉に水を加えて、耳たぶくらいのかたさになるまでこねてまとめる。あまり粘りがでないように手早くこねる。
3 **2**の皮を中くらいの卵大にとり、手のひらで伸ばす。真ん中は少し厚めにする。
4 好みのあん（あずきあん、丸茄子など）を入れ、周りから包む。
5 濡れた布巾を敷き、蒸気の上がった蒸し器に重ならないように並べ、20分ほど蒸す。温度が下がってきてしまうので、途中で蓋を開けない。
〈ベーキングパウダーを使わない場合〉
地粉（中力粉）……300g
水またはぬるま湯……180〜200cc
生地をこねてから夏は1時間、冬は2時間ほど寝かせる。

ワンポイント

飯山市

お盆には先祖の霊がやきもちで、あの世との境いの石の戸を割って帰ってくると言われ、丸茄子やあずきあんのやきもちは欠かせません。昔は囲炉裏の灰やほうろくで焼きました。

紅色は魔除け

あずきあん

●材料（4人分）

あずき……2カップ
砂糖……300g
塩……少々

●作り方

1 鍋にあずきとたっぷりの水を入れて強火で煮て、沸騰したらゆでこぼす。
2 鍋に新しい水（2.6ℓ程度）とあずきを入れ、やわらかくなるまで1時間ほど煮る。
3 あずきがふっくらとしてやわらかくなったら、砂糖を入れ中火で煮詰める。鍋の底が見えるようになったら塩を入れて火を止める。冷めるとかたくなるので、少しやわらかい程度で止める。

「いきなり団子風」おやき

さつまいもと粒あん

●材料（12〜13 個分）

さつまいも……300g
粒あん……250g

●作り方

1 さつまいもは皮をむき、厚さ1cmの輪切りにする。
2 底の広い鍋かフライパンに水50ccと**1**を並べ蓋をして中火で10分ゆでる。少しかたいくらいで取り出す。

3 粒あん20gとさつまいも1枚を重ねる。
4 おやきの生地を手のひらの上で伸ばし、さつまいもと粒あんを包む。アルミカップまたはクッキングシートの上にのせ、湯気の上がった蒸し器で15〜20分蒸す。

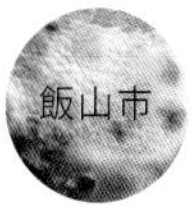

ワンポイント
「いきなり団子」は熊本県の郷土菓子で、さつまいもとあずきあんを重ねて生地で包んで焼いたものです。おやきと見た目が似ています。

丸茄子あん

材料（12 個分）

丸茄子……中3個
A 味噌……100g
A 砂糖……30g
A サラダ油/ごま油……大さじ1$\frac{1}{2}$

作り方

1 Aの材料はよく混ぜ合わせておく。
2 丸茄子は1〜1.5cmの厚さに輪切りにする。
3 輪切りにした茄子の厚さの半分に、切り落とさないように切り込みを入れ、Aを挟む。（味噌を挟んで長くおくと水が出るので包む直前に挟む）

野沢菜漬けの煮物

材料（10 個分）

野沢菜漬け……5株
生しいたけ……100g
人参……50g
油……大さじ2.5
砂糖……大さじ3
酒・みりん・醤油……各少々
だし汁……かぶるくらい

作り方

1 野沢菜の漬物を1時間くらい水に浸けて少し塩気が残る程度に塩抜きする。
2 よく水気を絞って細かく刻む。
3 しいたけ・人参も細かく切り、野沢菜と一緒に油で炒める。
4 **3**にだし汁をかぶるくらいに入れ、調味料で味付けして煮る。
5 やわらかくなったら水気をきってあんにする。

切り干し大根の煮物

材料（10 個分）

切り干し大根……40g
人参……20g
油揚げ……1枚
油……大さじ1
だし汁……350〜400cc
酒……大さじ2
砂糖……小さじ1
醤油……大さじ1.5

作り方

1 切り干し大根はぬるま湯に20分くらい浸けておく。
2 軽くもみ洗いして、茶色の水がなくなるまで水をかえる。
3 ざるに上げて水をきる。
4 人参は3〜4cmの千切り、油揚げは油抜きして縦2つに切ってから5mm幅の短冊切りにする。
5 鍋に油を熱して切り干し大根と千切りの人参をさっと炒め、だし汁・酒・油揚げを入れ落とし蓋をして2〜3分煮る。
6 砂糖を入れてしばらく煮たら、醤油を加えて煮含める。

かぼちゃのあん

材料（15〜17 個分）

かぼちゃ（種を取ったもの）……500g
砂糖（好みで調節）……25〜50g
塩……1つまみ

作り方

1 かぼちゃは皮ひきなどで青い皮を薄くむく（残っても良い）。5cm角くらいに切って湯気の上がった蒸し器で15〜20分くらい蒸すかまたはゆでる。
2 蒸しあがったかぼちゃを鍋にとってつぶす。
4 砂糖・塩を加えて、弱火で5分くらい練る。
5 少し冷ましてピンポン玉くらいの大きさに丸める。

長野市鬼無里へいくべおやき

中野市あちゃまおやき

ピリ辛茄子ぼたんこしょう入り

大根ミックス

かぼちゃ

きのこ

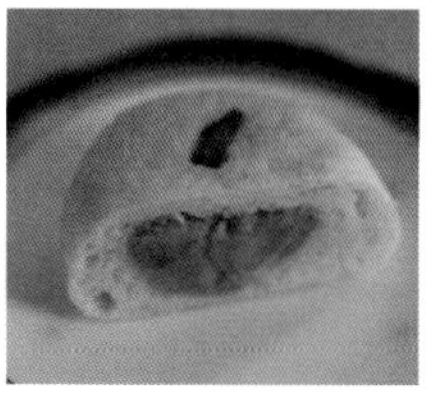
じゃがバター

野沢菜

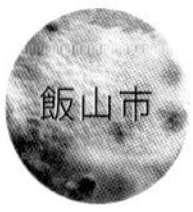

ワンポイント
おやきの具は他にもおからなど色々なものが使われます。こね方も熱湯でこねるなど、それぞれの家庭で工夫された方法で受け継がれています。

りんご畑の最長老は50余年の大樹
秋映は「そばかす美人なんですよ」
小さなアルプス乙女はりんご飴に

家族が力を合わせてりんご樹の世話をしている

「この樹が長老です」と幹に手を回す佐野邦晴・香里さん夫妻。中野市永江で農園を営む。りんご畑は斑尾山に続く標高 450m の南東向き斜面。永江（大平山等一帯の里山）は生物多様性保全上重要な里山地域。唱歌『故郷』の舞台で斑尾山に日本の原風景が広がる里山が選定の理由。作詞者、高野辰之の生家の近くに自宅がある。昨年暮れ、義父が急逝した。「農家の長男の嫁」の日記。12/14 全てのリンゴを収穫。11/27 冬将軍。収穫していないサンフジの枝に雪が積もり折れた。6/29 摘果は三度回っても見落としが出る。実を減らす手間のかかる仕事。弱っている木に多くの実をつけるともっと弱る。樹勢の強い木に多めに実を成らせると秋に疲れて樹勢を弱めさせる。樹とお話しすることが鍵。まだ私はできない。4/20 花摘み。耳を澄ますと鳥やカエルの声‥風の音‥飛び回るマメコバチを見ての作業は清々しい。朧月夜の景色

実をつけるのは20〜30年、その前に幼木を植える

実と葉に積もる雪の重みで枝が折れた事故もある

が残る場所。高野辰之のふるさと。2/15 大雪の日。ホイルローダーで農家の長男が除雪。こぼれた雪を嫁が寄せ集める。除雪作業はひとりでするのが基本‥長男の嫁の毎日が続く。

須坂市八町でブドウ栽培をしているのは佐藤健さん。在来の八町胡瓜は伝統野菜だ。長野平が一望できる緩やかな傾斜地９反歩でシャインマスカット、クイーンルージュなどを栽培する。20〜30 年が寿命の果樹の土作り。土中の微生物を増やそうと放線菌の入っている堆肥を使う。幹の周り５箇所に発酵籾殻が入った堆肥を小さく盛る。10 年前から使っているが樹勢もよくなったように感じている。長野で本格的にぶどう栽培が始まったのは明治 7 年、現在の生産量は山梨県に次ぐ全国２位になった。気候風土が適していることもあるが農園の努力も大きい。樹と話せるようになれば痛みもわかる。果樹栽培は対話と思いやりが大切なようだ。

永江は「春の小川」「朧月」の作者高野辰之の故郷だ

葉を摘んだ秋映（上）が赤く色づいてきた

葡萄棚を這うように伸びているぶどうの枝は身をくねらせた大蛇のよう

須坂市は葡萄栽培が盛ん。前方は善光寺平、長野市街である

この葡萄園では籾殻ときのこの屑で発酵させた植物由来の堆肥を使っている

旨味を丸ごと生かす

しょっころ芋

飯田市　下栗芋の煮っころがし

材料

じゃがいも……小1kg
油……大さじ1
だし汁または水……2カップ
砂糖……大さじ5
醤油……大さじ5
みりん……大さじ2

作り方

1 じゃがいもは皮ごとよく洗い水気をきる。
2 鍋に油を入れて熱し、じゃがいもを入れて焦げ目がつくまでころがす。
3 **2**にだし汁を入れ竹串が通るまで煮る。
4 調味料を入れ味がしみこむまで煮ころがす。

ワンポイント

飯山市

じゃがいもを掘ったときに小芋を取り分けておき、皮ごと煮て食べます。塩味・醤油味・味噌味など食べ方は色々。子どものそさび（おやつ）に喜ばれました。

時短おかず

大根びき

材料

大根……大$\frac{1}{2}$本
人参……$\frac{1}{2}$本
長ねぎ……2本
油……大さじ1
醤油……大さじ1$\frac{1}{2}$
煮干し……1～2尾

作り方

1 大根・人参はピーラーで幅2cm、長さ10cm程度に薄くひく。
2 長ねぎは斜めに薄く切る。
3 大根と人参を塩でもむ。または塩もみの後ざるに広げて熱湯をかける。
4 **3**を手で絞る。（あまりかたく絞らないのがコツ）
5 鍋に油を熱し**4**・煮干しを炒め、後から長ねぎを入れて炒める。
6 調味料で味付けする（塩もみしているので醤油の量を加減する）。

ワンポイント

長野市

季節の野菜をピーラーでむくだけの、忙しい農家の暮らしから生まれた時短料理です。色よく仕上げたい場合は醤油の代わりに塩を使うと良いです。

春の恵みを保存する

塩蔵わらびの煮物

●材料

塩蔵わらび……500g
醤油
醤油・みりん
鰹節

●作り方

1 鍋にたっぷりの水を入れてわらびを入れ、沸騰する直前まで火にかける。
2 湯が冷めたら、半日から一晩くらい水を替えながら塩抜きする。
3 調味料を一煮立ちさせてからわらびを入れて煮立たせる。
4 冷まして味を染み込ませる。
5 食べる直前に鰹節をかける。

ワンポイント

中野市

塩抜きに銅鍋や10円玉を使ったりすることで、山菜の緑色をきれいに出すことができます。

簡単美味しい

胡瓜のすねっぽ

●材料

胡瓜
白ごま
塩

●作り方

1 胡瓜はスライサーで細かくする。
2 塩もみして水気をだし、塩とごまで和える。

ワンポイント

飯山市

県内でもビニールハウス栽培が盛んで、飯山中央市場ではほぼ一年中胡瓜を販売しています。

ハレの日の料理

えご

●材料

えご草……40g
水……1000cc

●作り方

1 エゴは水洗いし、砂やごみを取り除く。
2 水1000ccに水切りしたえご草を入れて強火で煮立てる。
3 木べらで20〜30分弱火でよく練る。
4 鍋底が見えるくらいまで練ったら火を止めて、バットに流し入れて冷ます。流し入れる時に蒸し布でこすとなめらかに仕上がる。熱いのでゴム手袋を着用する。
5 よく冷やしてから切り分けて、辛子醤油などでいただく。

ワンポイント

飯山市

海のない地域で海産物を取り入れる工夫でした。水や雪でさらすと白いえごができるので冬のうちにさらしておく家庭もありました。

日本一高い場所にある国立大学
1955年以前から栽培、食の伝承‥
「信州の伝統野菜」は今83品目

一時も手を休めずに種を取り出し続けている

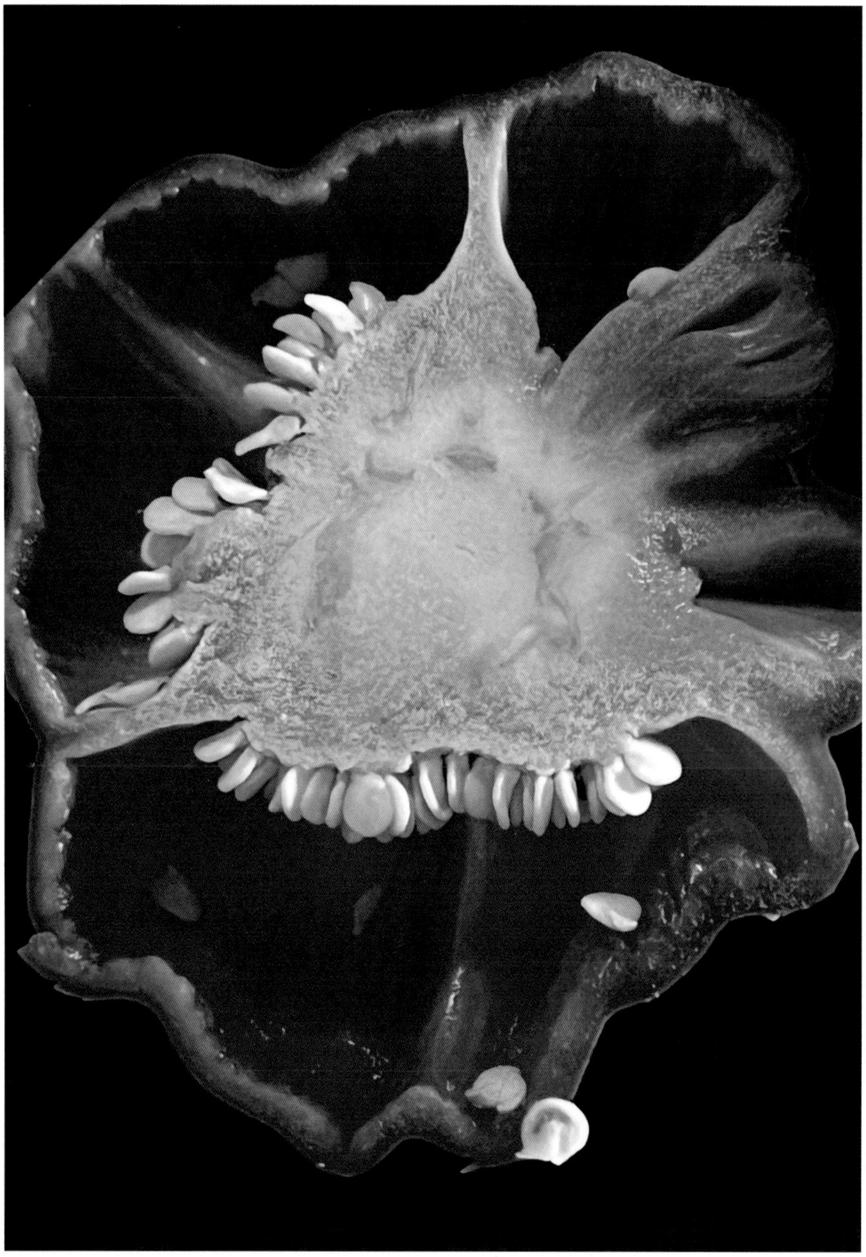

輪切りにしたぼたんこしょう。種の付いている果実の芯の部分に辛み成分がある。果実の甘みもある

　中野市永江のぼたんこしょう、小布施町の小布施丸茄子、須坂市八町の八町胡瓜‥。平成 19 年、長野県は在来野菜品種を対象にした信州伝統野菜認定制度を創設した。「来歴」「食文化」「品種特性」の３点について一定の基準を満たすものが条件だ。とりわけ食文化が重要である。姿形が残るのも大事だが味や特性を生かした食べ方がより重要だ。愛知の藤竹飯は八事五寸の人参、加賀の蕪寿司は金沢青大根、庄内の弁慶飯は青菜‥調理法や味はその場限り、移ろう自然と同じだから‥。信州の伝統野菜のパンフレットを片手に松島憲一先生を訪ねた。信州大学農学部は南箕輪村の森の中にある。「国立大学の中で一番高いところにあるんです」。東は天竜川まで河岸段丘の下り斜面、南アルプスが眺望できる。背景は中央アルプスの山並みが屏風さながら。標高

研究室のテーブルに無造作に並んでいた

標高770m、最も高い場所にある国立大学である

770m から 3000m のフィールドが農学部の自慢。胡椒や南蛮が無造作に置かれている研究室。向かいの部屋では学生たちが黙々とトウガラシの種を取り出している。松島先生の専門は植物遺伝育種学。平たく言うと科学と民俗学と自分の舌で研究する。世界中に定着し愛されるようになった最強の香辛料を科学し食べ歩いた記録も本にした「トウガラシ博士」。研究室を飛び出してフィールドへ。移動の車内で「伝統野菜現在は 83 品目になりました」。野沢菜・小布施丸茄子・ぼたんこしょうはお馴染みだ。地域の気候風土に育まれ、昭和 30 年代以前から栽培されていること、行事食・郷土食として伝承されていること、品種特性が明確になっていること、が選定の基準である。
在来野菜の料理を食べると故郷の景色が見える。なんと素敵なことだろう。

芽吹き・新緑・黄葉・・四季を彩るユリノキ並木

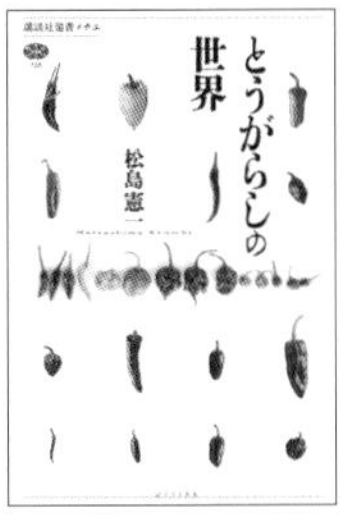

ネットの中は採種用のトウガラシ

ディープなローメン

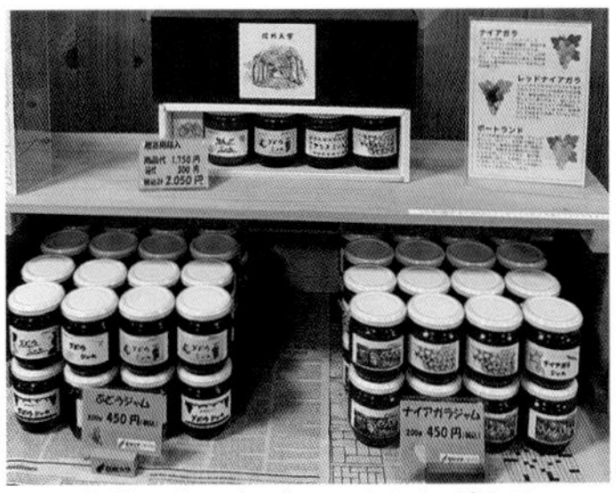

信州大学で作ったジャムも人気がある

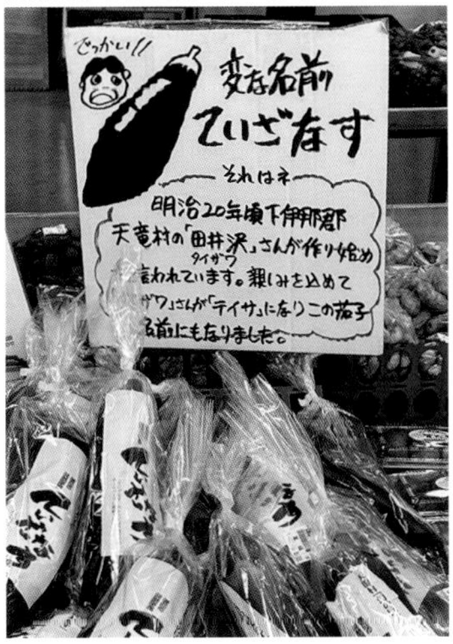

信州の伝統野菜を紹介したパンフレット▶

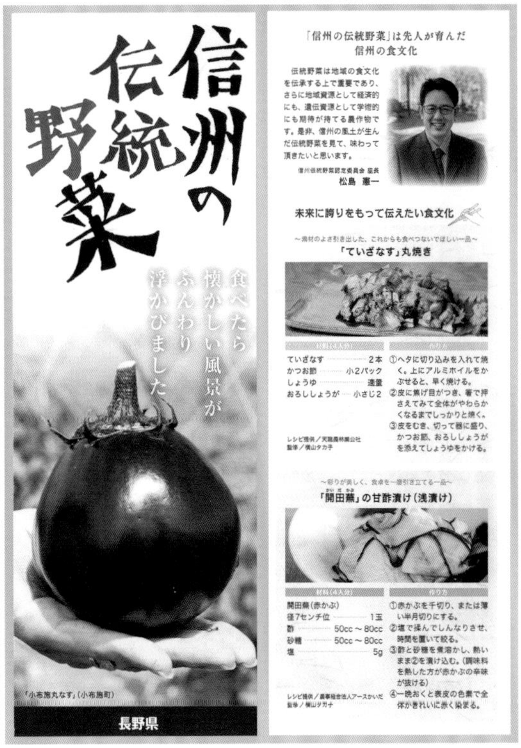
信州の伝統野菜

食べたら
懐かしい風景が
ふんわり
浮かびました

「小布施丸なす」(小布施町)

長野県

「信州の伝統野菜」は先人が育んだ
信州の食文化

伝統野菜は地域の食文化を伝承する上で重要であり、さらに地域資源として経済的にも、遺伝資源として学術的にも期待が持てる農作物です。是非、信州の風土が生んだ伝統野菜を見て、味わって頂きたいと思います。

信州伝統野菜認定委員会 座長
松島 憲一

未来に誇りをもって伝えたい食文化

〜素材のよさ引き出した、これからも食べつないでほしい一品〜
「ていざなす」丸焼き

ていざなす……2本
かつお節……小2パック
しょうゆ……適量
おろししょうが……小さじ2

①ヘタに切り込みを入れて焼く。上にアルミホイルをかぶせると、早く焼ける。
②皮に焦げ目がつき、箸で押さえてみて全体がやわらかくなるまでしっかりと焼く。
③皮をむき、切って器に盛り、かつお節、おろししょうがを添えてしょうゆをかける。

レシピ提供/天龍農林業公社
監修/横山タカ子

〜彩りが美しく、食卓を一層引き立てる一品〜
「開田蕪《かいだかぶ》」の甘酢漬け(浅漬け)

開田蕪(赤かぶ)
径7センチ位……1玉
酢……50cc〜80cc
砂糖……50cc〜80cc
塩……5g

①赤かぶを千切り、または薄い半月切りにする。
②塩で揉んでしんなりさせ、時間を置いて絞る。
③酢と砂糖を煮溶かし、熱いまま②を漬け込む。(調味料を熱した方が赤かぶの辛味が抜ける)
④一晩おくと表皮の色素で全体がきれいに赤く染まる。

レシピ提供/農事組合法人アースかいだ
監修/横山タカ子

黒姫もちもろこしとぼたこしょうと‥
黒姫山・妙高山・斑尾山に囲まれて
出会えなかった伝統食こしょう漬け

黒姫もちもろこし。もちもち食感の懐かしい味とか

「これが黒姫もちもろこし。信州の伝統野菜」と話す関塚賢一郎さん。ぼたこしょう・冬ささぎなど伝統野菜を守る

北原農園の佐野さんの紹介で信濃町役場の川口さんを訪ねた。中野市永江から飯山妙高高原線で 30 分足らず。待ち合わせ場所の古間郵便局に着いた。川口彰さんは役場まちづくり企画課の本業のほか消防団、神社の祭典係、畑の仕事と超多忙な人のようだ。信濃町の伝統野菜といえば芝津の関塚健一郎さんということで富濃へ案内いただく。家の背後の山は割ヶ岳、斑尾火山の寄生火山。関塚さんは乾燥した黒姫もちもろこしを持参してくれた。黒姫もちもろこしはとうもろこしの一種フリントコーンの特性を引き継いだもので、実の長さが 15cm、輪切りにした時の粒の列数が８列。粒の色は黒に近い紫や緑色、淡白でもちもちしている。昭和初期には栽培されていて乾燥した後、粉にして冬の食材として利用した。ぼたこしょうは信濃町の在来の唐辛子品

ぼたこしょう。中野市永江では「ぼたんこしょう」

古間のバス停。坂を昇る道は中野市永江に続く

種として伝統野菜に認定されている。古間地区で自家用に栽培されていた。種子を近隣に配ったり嫁ぐ娘に持参させたりして町内に広がったとされる。峠を越えた中野市永江の伝統野菜ぼたんこしょうも同じようにして広まったのかもしれない。冬ささげ。普通のささげに比べてひとまわり小さい。完熟期の乾燥させたものを保存し、冬の間の食料にした。名の由来。莢ごと煮込んで砂糖で味付けして食べる。最後の話題はこしょう漬け。長野の料理研究家、横山タカ子さんが「衝撃の知恵まさに最高峰」と絶賛する。夏の胡瓜から始まって紫蘇の実・茗荷・辛胡椒を収穫順に塩漬けしてこしょう漬けの素にする。収穫した大根を少し干して漬け込む。紫蘇の風味と胡椒の辛さがおいしい漬物に。昔は餅つきの杵の音が聞こえるとこしょう漬けが食べられた。

夏の日照りと水不足の影響だろうか‥花は咲くが実ができないという

冬ささぎの花

そば畑から眺める山は斑尾山。越えると中野市永江と飯山市

ぼたこしょうの辛味噌

ぼたこしょうのやたら

こしょう漬けが紹介された信濃毎日新聞の特集記事▶

夏にスタート 漬けた野菜は塩分に「こしょう漬け」（信濃町）

信州 暮らしに宿る食

深漬けの奈良漬と大根の刻み

●材料（作りやすい分量）

●作り方

ワラビの塩漬けと大根の刻み

●材料（作りやすい分量）

●作り方

こしょう漬けをアレンジした「深漬けの奈良漬と大根の刻み」（手前）。奥は「ワラビの塩漬けと大根の刻み」です。「信州の知恵」を手軽に楽しめます

ナウマンゾウ発掘で知られる野尻湖と妙高山

信濃町古間地区は3つの独立峰が眺められる珍しい場所だ。西が黒姫山、雲に姿を隠すのが妙高山

日だまりよもやま話

中野市永江のりんご畑で…その2

五百子　おらはそんでも、父さんがそういう仕事しとったから。

愛子　そんでも金取ってたから。いい方だよ。

五百子　それでな、店がその代わりねぇんだよ。この辺はあったけどな。そうすると行商の人がね、魚売り來たりな。干物やな。ほいでうちの母親も干し柿しれば、牟礼に友達いたからそこへ背負ってって。でもね、年取りだってせいえば鮭は買わんねけど、秋刀魚だけは友達んとこ行って‥。魚屋なんだ。生の秋刀魚買ってきてね。まぁ上の方はここより寒いからね。ちったあ保存きいたんだねえか。

愛子　昔はカビ生えてたって‥ダメだって‥。配給でも来たしな。

五百子　そうふうにね、まあ本当にこんな話したって今の子らはもう本当に聞き流しだも。

愛子　聞く耳もたねぇ。

五百子　それで、おやつ、学校から来たって腹は減ってるけど、ないから胡瓜とって食べたり、うちの畑からみんなとっちゃう。人参やらさつま芋、洗ったの生でばりばりって‥。

愛子　毒じゃないからな。

五百子　おっかさん洗っとる。えらい減ったなぁなんて。

自分でほ母親が作ったのをとって来て洗っとくんだよ。

愛子　洗って晩にまた使おってのを

五百子　腹減ってこればなんでも手当たり次第に。胡瓜は減れば減ったで、えらい減ってんなぁって。腹減ってこればなんかなんか自分で考えて食べてる。

夏は自給自足だな。きゅうりなんか生で塩つけて食べてさ。

愛子　花収まりのこんなのでも食いたくて、みんなとってく。そして今の給付でいっぱいならねんだよな。種蒔いたやつだからな。こんなに畑にくねたってな、植えてあったってさ、食いたくて食いたくてとっとった。

五百子　夏はやたら。

愛子　大根の味噌漬けを細かに切って、茗荷と茄子と胡瓜も入れるしょあるし。やたらは昔から食べてる。今だってやたらってのは好きな人は好きだけん、全然嫌いな人もあるよ。

五百子　ほかには夕顔の刺身。

愛子　夕顔を作って刺身にしたり、煮たり、あんかけにもするな。ちょうど私の父ちゃん死んだ頃、東京行った父ちゃんの弟の人も来ててさ、その人はま東京から来りゃ銭あるからな。ここにそんでも3軒4軒くれぇ魚屋ってのはあったんだ。店屋さん。銭あるしょう(衆)は兄弟8人なのをみんな2人ばかりずつ連れてくの。

五百子　おやつっつえば、あの、ズミなんかある。それに桑の実をさ、ここ真っ黒にして‥。

愛子　それで山桜のさくらんぼ。山へ出ればこんなのあるんだ。うまかったでなあ。それとスイゴ(スイバ)。今でもあるけんな。それが茗荷の中にあるスイゴ一株残しといて、昔食ったみたい

にそうめん、そば切なせって続くようにしょってな、皮とつけて。それで丼ん中入れて塩を入れてご飯のおかずに。漬物みたいになる。
それで私ら子供ん時は友達と塩を持って、日向の日当たりのいいはば？行けば、そのスイゴの木がいっぺぇあるんだよな。そんでまだ新芽こねぇとにその葉っぱちぎってさ、周りの。そんで手の中でもんでそれで食べた。
五百子　それで本当に成長しきれば穂ぉ出てな、種になる。またこぼれて生える。
愛子　スイゴはよぐ食ったな。
五百子　私らもね、昔のその買ったもんじゃなくて、自給自足で育ったから、そういうのを思い出しながらね。こねつけ食べたりの。粉を買っといて、ある野菜で刻んで入れて混ぜて‥。
愛子　韮とかな。
五百子　それで、おやつに食べろっせって。韮じゃねえだってなんでもいいから刻んで焼いて食べれば‥。
愛子　茄子を細かにしたっていいしな。なんでもいい。
五百子　私なんてほんとに畑以外にゃなんねえし、年寄りはまあうちにいるけどさ。家の周りのことしてくらってるけん。高校行くようになったって、ちっと材料だけ買っといてね、弁当のおかず自分で詰めてた。今、考げぇれば、もらしく育ってたけんさ、それがよかったんだやら‥。おれそう思うんだ。
　自分だってほら実家っつうか、子供の頃、年寄りいるがら。だから、学校から帰ってこれば、へ、黒板なんないから、そういう上がり口にさ、今日はヤギの餌買っとけ、お風呂たいとけ、なんだかんだ夕飯作っとけってんだよ。それみんなやらなくちゃ遊び行かんね。
愛子　8人暮らしだで。そこへまた今日新しいお風呂たいたからって分家ば呼ぶんだ。そしたらもう嫁さんなんか一番最後にへったからな。昔。あれは憎らしかったで。
五百子　そんなこんなでさ、ほんとに子供の頃なんな。でも私それがあったから今ね。
愛子　子供の頃の経験が生きている
五百子　私の兄はね、9つ違うんかな。お袋さんと百姓したりさ。それがね車でうち帰ってくるんだ。畑で、田んぼで暗くなれば牛を引っ張って牛ぞりで来らるから、うち来る頃は真っ暗になる。ほんで私、年寄りがいないでしょう。早くこねかなぁ。ご飯せいたっておかずなんてそんなにないけど、ぶち込みでもしたりさ。自分でこうやってぶつん。粉を打って、そこへかぼちゃや、まあ、ちくわなんてほとんど入らねえな。かぼちゃや、なっぱや、そんなあるもんば入れてさんで、煮込んでおけば。
愛子　ほうとうみたいなの。
五百子　それでもな、団子よりいいやって食べてくれてさ。だ、私、未だにこれぺったんぺったんね。で、そばもぶつようになったけんさ。だけん年寄りいるうちいいな、テレビもねくて、なんていうだ、ラジオしかないんだよ。だからラジオつけて、ガンガンお風呂たいて、そんでもまだ来ねぇし、えーどこ行って、今日はどこどこ行ってるからってわかるけん、その、田んぼ遠いからね。夕暮れに出てこれば早いよ。牛引っ張ってくるんだから。だからわし、年寄りのいる家いいなぁと思った。
愛子　牛が長治さん連れて来た。
五百子　あれは女牛になってからな。初めは男牛。まあ、今みたいにこんなトラクターや車だけど、その前にトラクターこの辺だった。その前には牛がね、一家の働き手なんだよ。
愛子　そうそうそうそう。
五百子　男牛飼ってたんだよね。ほんでその後に今度女牛飼ったな。それで、そこのあの種付きさんがいらって。私ら4キロもあるでしょう。
愛子　学校行くのにな。
五百子　おふくろさんがさ。えってこれば半日終わっちゃうから、あれ牛引っ張ってってくれて。学校行くのに。そいですぐそこにあるから置いて、そいで帰りに引っ張ってこいって‥。

松本平と木曽谷をいただく

息をひそめる夜明け
北の安曇は田んぼや畑
南の桔梗が原は果樹
松本平の今日が始まる。
晩のおかずは「おおびら」
振り向けばモルゲンロート
「信濃富士」の有明山。
木曽山脈と五峰の御嶽山
急峻な谷を縫う木曽路
馬籠宿でいただくのは
「すんき蕎麦」

山しづかなれば笠をぬぐ
山頭火

おおびら

すんき蕎麦

安曇野の夜明け

松本平 木曽 地域の

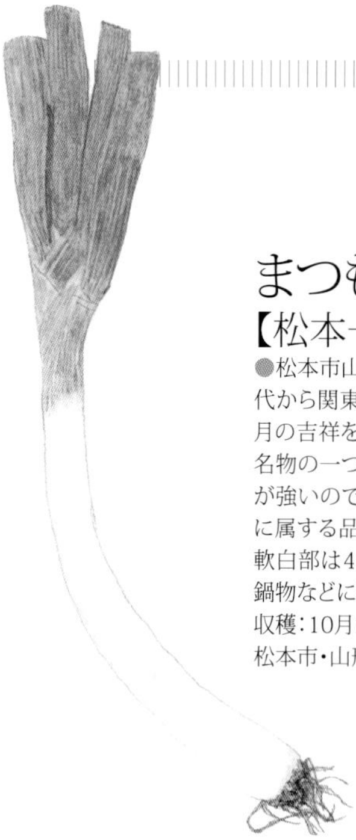

まつもといっぽんねぎ
【松本一本葱】

●松本市山辺の伝説「兎の吸物」にまつわる葱とされ、江戸時代から関東や中京方面に土産・贈答品として珍重された。正月の吉祥を意味する野菜として全国に知られていた。松本の名物の一つ「桜鍋」の食材に利用されている。やわらかく甘味が強いので刻んで葱味噌にもされる。下仁田葱と同じ加賀群に属する品種で、冬季に休眠する一本葱である。長さ90cm、軟白部は40cmで、肉質は柔らかく、甘み・風味ともに豊かで鍋物などに特に向く。

収穫：10月中旬～2月上旬

松本市・山形村

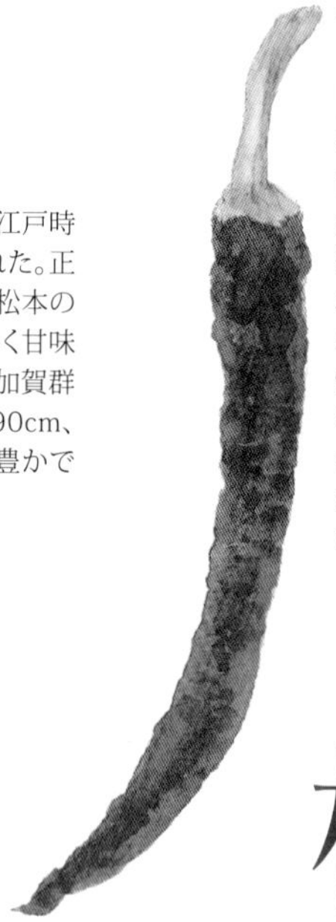

すずがさわなんばん
【鈴ケ澤南蛮】

●果実は５～８ｇで果皮は比較的軟らかい。青南蛮には究極の辛味がある。加熱により旨味が加わり、絶妙の味となる。油で炒めて味噌に絡めたり、青南蛮は辛味みそにしていただく。

収穫：８月上旬～９月下旬

●鈴ケ澤なす・鈴ケ澤うり　平谷村境の標高900mの山間にある限界集落の山里といわれる鈴ケ澤は伝統野菜の里でもある。５戸10人にも満たない人たちが支え合いながら父祖の代から受け継がれた在来野菜を繋いで暮らしている。

おうたきかぶ
【王滝蕪】

●尾張藩への年貢として蕪を出した記録が残る300年前の古文書、元禄年間に芭蕉一門の連句会で「木曽の酢茎（すんき）に春もくれつつ」と詠んだ句があることなどが王滝蕪の原型と考えられる。葉はびわ形、葉柄は太い。根部は長円形が多く赤紫色で肉質は緻密で柔らかい。根部は甘酢漬け、葉部は乳酸発酵させた無塩のすんき漬け。みそ汁や蕎麦・おやきの具などにしていただく。

収穫：10月中旬～11月中旬

王滝村

ばんどころきゅうり
【番所胡瓜】

●平成21（2009）年、信濃の伝統野菜として認定された。地元では「ばんどころうり」と呼んでいる。昭和初期から栽培される。現在は生産者が自家採種している。実は太く短い形で皮は薄く果肉はみずみずしい。昔は畑仕事や山に入る時には水分補給のために持参した。味噌をつけてかじる生食のほか、浅漬けや福神漬けなどにしていただく。

収穫：8月

松本市安曇

ほだかいんげん【穂高隠元】

●大正から昭和初期頃、安曇野市穂高の勝野義権がアメリカから各種の野菜種子を取り入れ、試作した。平成初期までは大町から塩尻までと広範囲で栽培されていたが育てやすい品種が増えたため栽培地域が減った。暑さに弱く病気になりやすいので栽培は難しい。莢が12～13cmで出荷する。胡麻和え・味噌和えでいただく。炒め物や揚げ物、煮物などどんな料理にも利用できる。

収穫時:6月下旬～10月

安曇野市穂高

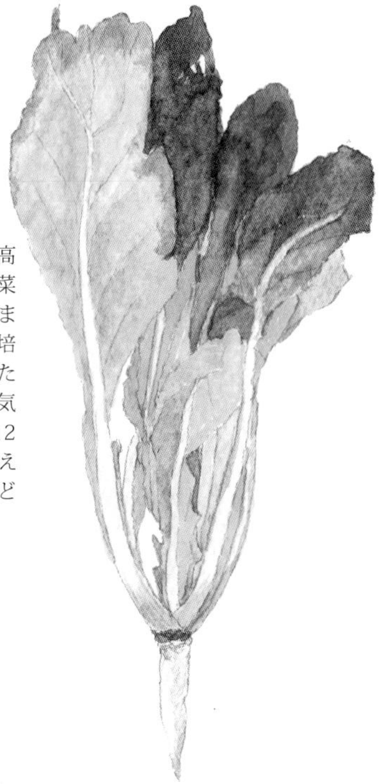

げんすけかぶな【源助蕪菜】

●明治時代に愛知県西春町（現在の北名古屋市）の井上源助から伝わり、伊那谷を中心に普及した。「飯田かぶ菜」とも呼ばれる。飯田・下伊那地方では「野沢菜よりもやわらかく甘みがある」と好まれた。源助かぶ菜の原種は泰阜村にしか残っていない貴重な財産である。葉質は柔らかく甘みがあり美味。漬け物としていただく。干し柿を加えて漬け込む独特な漬け方がある。

収穫:10月中旬～12月中旬

飯田・下伊那地域

伝統野菜

まきだいこん【牧大根】

●明治7年の『村地情景明細表』に産物としての記載があることから、少なくとも明治時代には栽培されていた。蚕糸産業の盛んであった明治から大正期にかけては岡谷へかなりの量が出荷された。根の長さ15～20cm、重さは300～400g。根形は尻つまりで下膨れが強い。首部は淡緑色をしている。肉質は硬く、漬け物にすると歯ごたえが優れている。たくあん漬けのほか、味噌漬けやおろしにも利用される。

収穫時:11月上旬～12月上旬

安曇野市穂高

あかたつ＝とうのいも【唐芋】

●明治時代には中京方面から伝播して栽培されていると思われる。現在は木曽や伊那地方で栽培されている。子芋は５～８㎝程度の長丸形。葉柄は赤紫色で70～120㎝になり、八つ頭より長くて太くなる。地元では産後のお見舞い品として使われる。茎が赤紫色の唐芋の葉柄を塩漬けや酢漬けにして食用にする。皮をむいて塩漬けした後、甘酢などで漬け、生姜汁をかけて食べる。

収穫時:10月中旬

南木曽町

●おいしい信州ふーど図鑑（長野県農政部農業政策課）

信州のおやつ①

こねつけ

材料

冷やご飯
片栗粉・小麦粉……ご飯の約$^{1}/_{2}$程度
油・味噌・醤油・みりん……適量

作り方

1 冷やご飯はレンジで少し温めておく。
2 温めたご飯をボウルに入れ、水・片栗粉・小麦粉を入れてヘラでよく混ぜる。
3 味噌と砂糖・みりん少々を合わせ、生地の中心に入れ丸くまとめる。
4 フライパンに油をひき、きつね色になるまで両面を焼く。

飯山市

中野市

ワンポイント

蒸したり、ゆでてから焼き色をつける作り方もあります。ご飯のツブツブ感を残して焼いていますが、ご飯をもっとつぶしてもちもち感を出してから焼いても美味しいです。

信州のおやつ②

にらせんべ

材料

にら
卵・小麦粉（中力粉）
油
味噌・みりん・砂糖

作り方

1 にらを1〜2cm幅に切り、ボウルに入れ卵・水・小麦粉の順に合わせる。
2 味噌・みりん・砂糖を合わせて甘味噌だれを作っておく。
3 フライパンに油をひき**1**を入れて両面よく焼く。
4 好みの形に切って盛り付ける。仕上げにケチャップを添えて出来上がり。

飯山市

中野市

ワンポイント

そのまま食べても美味しいですが、甘味噌だれをつけて食べるとやみつきになります。

信州のおやつ③

いももち

材料

じゃがいも
塩……少々
油・砂糖・みりん・醤油……各少々
片栗粉・小麦粉
……じゃがいもの約1/2程度

作り方

1 じゃがいもの皮をむいてゆでる。
2 冷めないうちにつぶして粉類と塩少々を加え、耳たぶくらいのやわらかさにして丸くまとめる。
3 フライパンに油をひき、少し平らにして両面を焼く。
4 焦げ目がついたら取り出し、少量のみりん・砂糖・醤油を入れ火にかけ、たれを作る。

中野市

ワンポイント
たれをいももちにかけても良し、みたらしのようにとろみをつけてつけながら食べても美味しいです。

お蕎麦が余ったときは

そばいなり

材料

蕎麦
油揚げ
ねぎ
みりん・醤油・砂糖
……各少々

作り方

1 鍋に水・みりん・醤油・砂糖少々を入れ、一煮立ちしたら油揚げを入れ煮詰める。
2 いなりにゆでた蕎麦を詰め、ねぎをのせる。

中野市

ワンポイント
最後にいなりの残った煮汁を少しかけると、蕎麦にも味がついて美味しいです。

おつまみに美味しい

長芋の唐揚げ

材料

長芋
おろし生姜
醤油
片栗粉

作り方

1 長芋は皮をむき、短冊切りにする。
2 ボウルに長芋・おろし生姜・醤油を入れよく混ぜる。
3 片栗粉をつけ、180℃の油で揚げる。

長野地方

ワンポイント
たっぷりな片栗粉でサクサクに揚げます。中はほくほくになります。

焚く薪は乾燥した大豆の茎がいい
ほうろくで焼いて灰の中にくべる
焼いて蒸す食感は囲炉裏ならでは

おこげの皮はカリカリ、中はほくほく‥なすのおやき

‥9月13日午前中に灰焼きおやき作り教室を地元の人が講師となって、囲炉裏で学生と鬼無里で行います‥長野大学中澤先生からのメール。食文化サークルの学生たちが古民家の囲炉裏で作る昔ながらのおやきを体験。善光寺門前から約20km、裾花川沿いの国道406号を西へ。湯の瀬・裾花2つのダムを過ぎ30分ほどで着く。山間の小さな盆地に村がある。標高は籠田集落649mから鬼が一夜で造った一夜山1562m。川の流域に集落が点在する。「主食はかて飯で具沢山の味噌汁と野菜の煮付けと漬物、晩ご飯はうどんかそば、おやきだった」。昭和30年代始めまで家の暮らしは地炉(囲炉裏)が中心。食事や暖をとる一家団欒の場であり客

自在鉤にかけた「ほうろく」でこげ色がつくまで焼いてから囲炉裏の灰の中にくべる。これが名の由来とか

乾燥した大豆の茎を薪にする。火吹竹で火を起こす

生地を丸める手の使い方を聞いてから実践する

粉をこねる吉田としこさん

をもてなす場でもあった。一日中火が燃やされ、かぎつけ（自在鉤）には大鍋で野菜や豆の煮物がかけてある。こねつけ、地炉のわたしで焼いた餅、蒸かし芋はおこびれ（おやつ）だ。手間のある時にはこねつけ、野菜餡を入れたおやきにする。忙しい時には韮や茄子などを刻んで混ぜ、味噌で味付けしてほうろくで薄焼きに。各家の味自慢はおやき。正月やお盆にお供えするハレの日のおやきは小豆あんの蒸しおやき、ケの日のおやきは野菜のあんで囲炉裏の灰にくべて焼く。「一緒に作って味わう経験が重要。楽しくおいしく心温まる味の記憶は一度でも忘れない生きる支えに思う」と中澤先生は記す。おやきを丸める指の動きや手の知恵も伝えていきたい「おふくろの味」である。

具を作る戸谷けさこさん

1848年築の古民家大日方邸の大日方聰夫さん

大根びきと焼むすび

囲炉裏の隅にある「わたし」は一時置き場

鬼無里から小川村に向かう途中の山道で振り返ると‥山間の平地に集落が点在する。ここも長野市である

味の染み込んだ

チャーシュウ

材料

豚肉肩ロース
水
醤油・酒・みりん・砂糖
生姜
ねぎ（葉の部分）

作り方

1 鍋に調味料と生姜のスライス・ねぎの青い部分を入れて一煮立ちする。
2 フライパンに油を熱し、豚肉の全ての面に焼き目をつける。
3 **1**に**2**を入れ蓋をして、上下を返しながら1〜2時間煮込む。
4 最後に火を止めて冷めるまでおく。

中野市

ワンポイント

冷めるまでおいておくことによって味が染み込みます。

熱々のご飯や酒の肴に

ちりめんじゃこ炒り煮

材料

ちりめんじゃこ
白ごま
山椒
昆布
醤油・みりん・ごま油

作り方

1 鍋にごま油を熱してちりめんじゃこをカリッと炒める。
2 小さく切った昆布を加え炒める。
3 調味料を加えて汁気がなくなるまで弱火で炒め煮にする。
4 山椒・白ごまをかけて和える。

中野市

ワンポイント

好みの具材を入れて簡単にできる一品です。

あっさりトロトロ

冬瓜のあんかけ

材料

冬瓜
パプリカ
ぼたんこしょう
だし・酒・醤油・砂糖
片栗粉

作り方

1 冬瓜は皮をむいて一口大に切り、下ゆでしておく。
2 パプリカ・ぼたんこしょうも食べやすい大きさに切る。
3 ごま油で**2**を軽く炒める。
4 **3**に調味料・水・冬瓜を加えて味が染み込むまで煮る。
5 水溶き片栗粉を入れて中火にかけ、とろみがついたら火を止める。

中野市

ワンポイント

冬瓜はずっしりと重みがあり、皮に艶があり鮮やかな緑色のものを選びましょう。

箸休めに

夕顔の刺身

材料

夕顔
茗荷
青じそ
マヨネーズ・塩こしょうなど

作り方

1 沸騰した湯に塩少々を入れ夕顔を3〜5分ほどゆでる。
2 ざるに上げ、氷水でしめる。
3 好みの厚さに切り、薬味と盛り付ける。

中野市

ワンポイント

涼を感じるお刺身です。好みの薬味でどうぞ。

夏野菜のお漬物

胡瓜のぬか漬け 丸茄子の塩漬け

材料

胡瓜
ぬか床
茄子
塩

作り方

1 胡瓜は洗って両はしを切り落とす。
2 胡瓜全体に塩をなじませ、ぬか床に漬け込む。
3 丸茄子は洗ってへたを取る。
4 塩・砂糖・ミョウバンを溶かした中に丸茄子を漬け込む。

中野市

ワンポイント

胡瓜のぬか漬けは常温で3〜5時間、冷蔵庫で半日〜1日、茄子の塩漬けは常温で2日程度で食べ頃です。

食感を楽しむ

金糸瓜のサラダ

材料

金糸瓜
ハム
ゆで卵
ミニトマト
レタス
マヨネーズ
塩こしょう

作り方

1 金糸瓜は切って種を取り除き、ゆでて水をきりほぐす。
2 ハムは適当な大きさに切る。
3 **1・2**をマヨネーズ・塩こしょうで和える。
4 ゆで卵・レタス・ミニトマトと盛り付ける。

中野市

ワンポイント

金糸瓜は「そうめんかぼちゃ」とも呼ばれ、繊維が細長く糸状で独特な食感です。

千曲川流域の堆積土壌が育てる
長くてまっ直ぐ尻まで太い常盤ごぼう
野沢温泉村が発祥地の野沢菜

常盤ごぼうの太煮。きんぴらや炊き合わせでいただく

学生時代の1年間、関田山脈の黒岩山（938.4m）の山荘で過ごしたことがある。信濃平スキー場だ。ヒメギフチョウが生息する山全体が国の天然記念物。斑尾山から約 80km 続く関田山脈と三国山脈に挟まれた飯山平は長野県で一番低い千曲川の沖積平野である。度重なる氾濫で肥沃な土壌ができた。常盤牛蒡の故郷。試し掘りの日は小雨模様。太さ 5～8cm、長さ 100cm ほどの常盤牛蒡を掘るのは手間がかかる。今はユンボで深い溝を掘って収穫できるので手掘りの時よりずっと楽になった。常盤牛蒡の栽培は江戸時代天保年間（1830～1844）、幕府の役人が天領だった常盤地区に江戸滝野川村の赤茎牛蒡の種子を持ち込み品種改良を行ったの

天保年間から飯山市常盤で栽培されてきた。まっすぐで根揃いが良く丈夫だと話す藤沢正美さん

江戸時代から湯治場として知られていた野沢温泉村

飯山市の最北部、標高500mに位置するなべくら高原の野沢菜畑

が始まり。明治時代には特産品として栽培が奨励された。大正 10 年に飯山線が開通すると販路が拡大、関西方面に出荷された。連作障害の危機も乗り越え、平成 21 年に信州の伝統野菜に認定された。牛蒡の太煮は風味と食感を丸ごと味わう産地ならではのおかず。「ここのごんぼはうんまいぞ」。麓の衆も山荘で働いた。「ごっしょう」「みなみだ」「さかや」「じょうど」‥家号で呼びあった。家を訪ねるとお茶と野沢菜の漬物が必ず出た。それぞれおらほの味がある。漬け樽の中に釘を入れたり柿の皮を入れたりした。漬けて 2〜３週間で食べられる。酸っぱくなると煮たり炒めたり‥調理法も自由自在だ。祭りの日、野沢菜おはぎを食べた。初体験。野沢菜漬はおふくろの味、ふるさとの味がする。

宝暦6年、野沢温泉村の住職が京都から持ち帰った天王寺蕪の種子が野沢菜栽培の始まりといわれている

あんの代わりに炒めた野沢を使う野沢菜おはぎ

牛蒡の太煮

風味と食感を生かして

たたき牛蒡

●材料（4人分）

ごぼう……200g
油……大さじ1
酒……小さじ1
砂糖……大さじ2
塩・酢……各少々
醤油……小さじ2
すりごま……大さじ$1\frac{1}{2}$

●作り方

1 ごぼうの皮をそぎ4cmくらいの長さに切る。ごぼうがかぶるくらいの水と酢少々を入れてゆでこぼす。
2 水をきったごぼうを油でよく炒め、ごぼうがかぶるくらいの水を入れてやわらかくなるまで30分ほど煮る。
3 煮汁が半分以下になったところで酒・砂糖を入れて一煮立ちしたら塩・醤油を入れて中火で煮含ませる。
4 汁がなくなったら、好みですりごまをからませる。

飯山市
ワンポイント
3でごぼうがかたい場合は足し水をしてやわらかくなるまで煮ます。太いごぼうは大きめの斜め切りにして太さをそろえましょう。

常盤牛蒡は風味も最高

常盤牛蒡のきんぴら

●材料（4人分）

牛蒡……250g
酢……少々
油……大さじ$1\frac{1}{2}$
砂糖……大さじ$1\frac{1}{2}$
醤油……大さじ$1\frac{1}{2}$
酒……大さじ2
みりん……大さじ1
鷹の爪……少々

●作り方

1 牛蒡の皮は包丁の背でこそげとり、4～5cmの長さに切ってマッチ棒くらいの千切りにし、15分酢水につけてアクを抜く。
2 牛蒡を水きりして、熱したフライパンに油を入れて牛蒡と刻んだ鷹の爪を加え、牛蒡がしんなりするまで炒める。
3 酒と水$\frac{1}{4}$カップを加えて中火で煮、しばらくしたら砂糖・醤油で調味する。牛蒡がやわらかくなったら出来上がり。

飯山市
ワンポイント
お好みで唐辛子、七味、ごま油などを加えても。

栗も入れて

常盤牛蒡の炊き合わせ

●材料

常盤ごぼう
人参
鶏もも肉
モロッコいんげん
玉ねぎ
栗
みりん・醤油・油

●作り方

1 ごぼうは包丁の背で皮を粗く削り、一口大の乱切りにして水にさらす。
2 鍋に薄く油をひき、一口大のもも肉を炒め、乱切りにした人参・ごぼうも一緒に炒める。
3 いんげんとゆでておいた栗を入れ、みりん・醤油で味をつけ煮含める。

飯山市
ワンポイント
栗を一緒に入れて煮ることで、自然の甘みともったり感が出ます。

ヘルシーおやつ

牛蒡の素揚げ

材料

牛蒡
揚げ油
塩

作り方

1 牛蒡は洗って適当な大きさに切る。
2 よく水気を拭き取って油でカラッと揚げる。
3 塩などかけていただく。

飯山市
ワンポイント
お酒のおつまみにも。

炊きたてご飯に

ぼたんこしょうの辛味噌

材料

米麹（味噌）……700g
ぬるま湯……400cc
薄口醤油……1ℓ
ざらめ（砂糖）
……800g〜1kg
ぼたんこしょう
……500g

作り方

1 米麹を鍋に入れ、ぬるま湯で1時間ほどふやかす。
2 1時間たったら薄口醤油とざらめを加えて火にかける。
3 グツグツと煮立ったら、みじん切りにしたぼたんこしょうを加える。
4 煮詰めてとろみがついたら火を止める。
5 粗熱がとれたら清潔な保存容器に入れる。

飯山市
ワンポイント
煮詰め過ぎるとかたくなるので注意しましょう。少し水分が上に浮いてくるくらいがちょうど良いです。

飯山市　ぼたんこしょう煮

辛味のある万能調味料

青唐辛子の醤油漬け

材料

青唐辛子
醤油

作り方

1 青唐辛子はよく洗って水気を拭き取る。
2 へたを取り除いて細かい輪切りにする。種は好みで残す。
3 2を清潔な瓶に詰め醤油をひたひたに注ぐ。
4 3日ほどで完成。

飯山市
ワンポイント
どんな料理にも合う万能調味料です。青唐辛子を触るときはビニール手袋をすると良いです。

火から金曜日まで信濃町内を回る 地域のお年寄りは買い物に集まる 推薦した古海の山餅が大賞を受賞

スピーカーも備えた「移動スーパー」カーである

‥火曜から金曜まで信濃町内を地区ごとに回っています。明日午後は関塚さんのあたりから涌井あたりです‥とくし丸の安藤陽子さんからlineの返信だ。安藤さん。2004年家族とともに信濃町に移住した。古海にあった築150年の古民家を改修、田んぼで稲作、畑で野菜を栽培して自給の暮らしをしている。家から妙高山が眺望できる。介護福祉のキャリアを持っていたことから信濃町役場で福祉部局の仕事に10年ほど携わった。信濃町の人口は約8000人、町にはスーパーが1軒だけ。冬は積雪が2mを超える豪雪地帯。外を歩くのも大変。高齢者は命がけだ。2019年に第一スーパー古間店と連携、移動スーパーを始めた。きっかけは飯綱町の「1日3食365日の宅配弁当」という取り組み。地域で自分にできる

古間地区から落影地区へ。目印は火の見やぐら

週4日、信濃町の地区を回る安藤陽子さん

黒姫童話館の青空に描かれる雲の絵本‥

ことを考えている時に移動スーパーの存在を知った。とくし丸と地元のスーパーが提携し、個人事業主が販売パートナーとなってスーパーと連携する。販売パートナーは売れた分に対して一定の手数料をスーパーに支払うだけ。在庫を抱えるリスクがない。これがとくし丸のシステムである。朝 6 時半、スーパーへ。その日の野菜や肉・魚の生鮮品、惣菜を積み込んで 9 時半頃に出発する。惣菜ができるのを待つと出発が 10 時を過ぎる。「第一スーパーでは皆さんが朝早く出勤してお惣菜やお刺身を作ってくれるんです」。1 日約 40 軒を回ってスーパーに戻るのが午後6時頃。一軒あたりの時間は10分ほど。皆、週一度の楽しみにしている。「雪が降っても冷蔵庫に食べ物があるって安心なんだよ、ありがとう」。嬉しい言葉。

地区の人たちは待ちかねたように買い物袋を下げて集まってくる。お年寄りにとってなくてはならないスーパーだ

安藤さんの住む古海から眺める妙高山

とくし丸料理コンテストで大賞になった山餅は信濃町古海地区の伝統食。収穫感謝祭には必ず出される受け継いでいきたい味だという

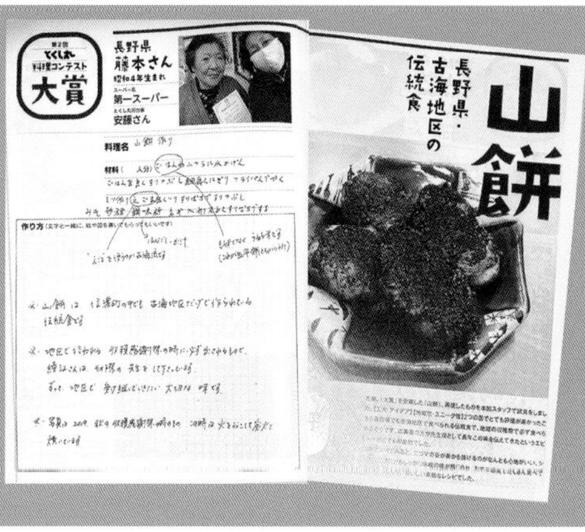

中秋の名月のお供え

月見団子

月見団子みたらし

材料（15 個分）

上新粉……200g
もち粉……30g
砂糖……大さじ2
塩……ひとつまみ
ぬるま湯……180cc

作り方

1 上新粉・もち粉・砂糖・塩を合わせ、ぬるま湯を少しずつ加えて耳たぶより少しかたいくらいまでよくこねてひとまとめにする。
2 生地を4〜5等分にちぎり、真ん中を薄くして濡れ布巾をひいた蒸し器に入れて強火で15分蒸す。
3 布巾に包んだまま生地がなじむまで台の上でよくもむ。手で触れるようになったらよくこねる。
4 15等分して丸め、再び蒸し器で強火で5分蒸す。

飯山市

ワンポイント

蒸し終わったらすぐにうちわなどであおいで艶を出します。お供えした後は甘辛たれ、きな粉、ごまだれなどでいただきます。

おばあちゃんの味

山餅

材料（3人分）

えごま(いくさ)……20ｇ(1/4カップ)
味噌(信州赤)……大さじ1
砂糖……大さじ1
和風だしの素……少々
長ねぎ……1/8本

作り方

1 米をといで炊飯器にいれ、通常の水加減で炊く。
2 山餅につける「味噌だれ」をつくる。えごまはペーパータオルなどでさっとほこりを取り、フライパンにいれる。弱火で熱し、焦がさないようにフライパンを揺すりながら、パチパチと音がして香りがでてくるまで炒めすり鉢に移す。えごまをすりつぶし、調味料を加えてよく混ぜ合わせる。小口切りにした長ねぎを加える。
3 炊きたてのご飯を少し粘り気がでる程度にすりこぎなどの棒でつぶす。
4 **3**を1個60ｇくらいの小判型にし、ホットプレートで両面がきつね色になるように焼き、味噌だれを塗って再度両面を軽く焼く。

信濃町

ワンポイント

古海地区に伝わる郷土料理です。レシピは移動スーパー「とくし丸」による自慢のレシピコンテストで大賞をとった藤本さんによるものです。

お酒のおつまみにも

ゴーヤの佃煮

材料

ゴーヤ
鰹節
醤油・酒
油・ごま油

作り方

1 ゴーヤは縦半分に切って種を除き、半月切りにして水に浸し、ざるに上げる。
2 フライパンに油を敷いて1を炒め、醤油・酒で味をつける。
3 最後に鰹節、ごま油で味を調える。

ワンポイント
飯山市
水分とカリウムが豊富なゴーヤは夏バテ防止に効果のある健康野菜です。

丸ごと美味しい

里芋の煮物

材料

里芋……400g
砂糖……大さじ2
醤油……大さじ2
みりん……大さじ1
水……2カップ
煮干し……3〜4本

作り方

1 里芋の皮をむく。(こそげ取ったほうが美味しい)
2 鍋に里芋・水・煮干し・調味料を入れ落とし蓋をして中火でゆっくり煮含める。
3 煮崩れしやすいのでかき混ぜないで、時々鍋をゆする。
4 里芋に箸がすっと通るようになったら火を止める。
5 煮汁につけたまましばらくおくと、味がしみて美味しい。

ワンポイント
飯山市
桶の中に水と里芋を入れ、芋と芋をこすり合わせて皮をむく"芋洗い"は生活の知恵です。

ご飯がすすむ

奈良漬

材料

瓜
塩
砂糖
粕

作り方

1 瓜を2つに割ってよく洗い、水をきって瓜を上向きにして、みぞに塩を半分くらい入れる。そのまま2日間塩漬けする。
2 塩水から取り出してさっと洗い、水をきる。ざるに上げて重石をのせておく。
3 粕の中に砂糖を入れてよく混ぜる。
4 布巾で**2**の水気を拭いて**3**に漬け込む。

飯山市　胡瓜と白瓜の奈良漬

ワンポイント
長野市
塩漬けした瓜をざるに上げたら重石をのせて1〜2日間くらい塩気をきると良いです。

蚕のさなぎは佐久の鯉や養鰻の餌 糸繰り後の残ったさなぎは佃煮に 「製糸工場から生まれた」信州味噌

外はぱりっと中はふっくら、蒲焼きの焼き加減が難しい。「焼きは　生、真剣勝負の毎日です」と二澤純也さん

テイクアウトが主流なのは家でさばいて食べた名残

岡谷は鰻の町。立春前の 1 月最終の丑の日は「寒の土用丑の日」。脂ののった旬を味わって冬の寒さを乗りきろう。昭和初期まで年間 38 万 t の漁獲量があった。冠婚葬祭や保育園から中学校の給食にも登場する。さばきは背開き関東風、焼きは蒸さずに炭火でじっくり関西風。皮はぱりぱり香ばしく身はふっくら甘くて濃いめのタレが特徴。じっと焼きながら脇目も振らずに語る三澤純也さん。昨年、川魚店の社長を継いだ。「家でさばいて焼いて食べていた」昔の名残りか「岡谷はテイクアウトが多いですね」。朝から炭火を起こして鰻を焼く。立ち通し。「串打ち 10 年焼きは一生」の伝統技術である。夏の丑の日は暑さとの戦いである。

糸の町。平成 26 年、日本に 4 社しか残っていない製糸工場の宮坂製糸所を併設、動態展示する岡谷蚕糸博物館ができた。愛称は「シルクファクト」。入口の壁に架かる吉田初三郎の鳥瞰図

焼けたら秘伝のたれをつけて香ばしく仕上げる

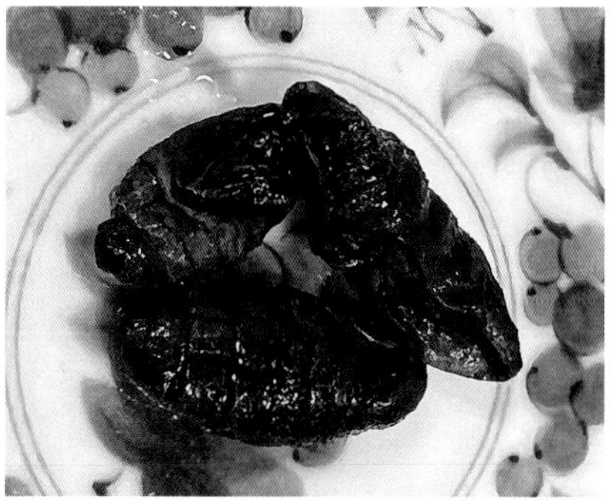

糸繰った後に残ったさなぎ佃煮として食卓に‥

には昭和 11 年当時の岡谷市街が描かれている。横浜開港以来、昭和 9 年まで日本の輸出総額の一位は生糸。世界一の輸出生糸生産国。長野県がトップで岡谷の生産量は 60%を占めた。10 μ（ミクロン）の繭糸を継ぎ足し 40 μの生糸を生産する。支えたのは工女。糸繰りの最初に出るキビソ、さなぎの薄皮を包むビス、繭の中のサナギは「副蚕糸」と呼ばれる。栄養価が高いサナギは養殖場の鯉や鰻の餌にした。

味噌の町。昭和 4 年の世界恐慌で打撃を受けた製糸業は味噌醸造へと転換する。昭和 15 年の味噌工場は諏訪全体で 101、岡谷には 48 の工場があった。関東大震災の救援物資として工女用に仕込んだ大量の味噌が東京に送られた。「信州味噌の始まりです」。工女の多くは寄宿舎生活、3 食とも製糸工場内で食事をとった。工女のパワーになったのはご飯と味噌汁。喜多屋醸造店では製糸所時代のボイラーがまだ現役だ。

昭和初期の製糸工場の食事風景（岡谷製糸博物館）

岡谷製糸博物館とエントランスホールに掲げられた岡谷の絵図

薄皮のビスとさなぎ

宮坂製糸所会長の宮坂輝彦さんと孫の髙橋栄子さん

蚕の繭を繰った後にキビソや薄皮のビス、さなぎが生糸にならない副蚕糸

岡谷信州味噌の広告塔（「シルク今昔ものがたり」より転載）

製糸工場時代のボイラーは博物館級だが喜多屋醸造店では今も現役

天竜川は諏訪湖から浜名湖を経て太平洋へ

喜多屋醸造店の佐々木一夫さん

最近注目される昆虫食
蚕のさなぎ佃煮

材料

蚕のさなぎ
醤油
砂糖
酒
みりん

作り方

1 さなぎは熱湯をかけてよく水洗いし、水きりをする。
2 熱したフライパンで弱火で3〜5分空煎りする。
3 鍋に砂糖・醤油を煮立たせてさなぎを加え、強火で煎り煮する。
4 汁気がなくなる直前にみりんを入れて照りをだす。
5 汁気がなくなったら火を止める。

岡谷市
ワンポイント
製糸業で廃棄されるさなぎを活用したレシピです。

白身で淡白、臭みのない
信濃雪鱒から揚げ

材料

信濃雪鱒
塩こしょう
片栗粉
揚げ油

作り方

1 信濃雪鱒に塩こしょうする。
2 揚げ油で、最初は低温、2回目は高温で2度揚げする。

中野市
ワンポイント
「シナノユキマス」はロシア・北欧に分布している魚の養殖に成功したものです。2度揚げすることで身がやわらかくなります。

シナノユキマスの刺身

ご飯がすすむ
ワカサギの甘煮

材料

ワカサギ
醤油
みりん
酒
砂糖

作り方

1 ワカサギはよく洗って水気を拭き取る。
2 調味料を煮立ててワカサギを入れる。
3 焦げないように鍋を揺らしながら煮汁が煮詰まるまで弱火にかける。

長野市
ワンポイント
小さいワカサギは内臓は取らずにそのまま調理しましょう。

たれがたっぷりからんだ
ワカサギの唐揚げ

材料

ワカサギ
塩
片栗粉
揚げ油

作り方

1 ワカサギはバットに広げてまんべんなく塩をふり、10分ほど置いたら水気を拭き取る。
2 1に片栗粉をまぶして、180℃の油でカラッと揚げる。
3 好みで塩をふっていただく。

長野市
ワンポイント
長野には豊かな水源があり、ワカサギ釣りスポットも多くあります。

たれがたっぷりからんだ
鰻の蒲焼

材料

鰻
酒
みりん
醤油
砂糖

作り方

1 鰻は適当な大きさに切り、串に刺す。
2 グリルで火が通るまで焼く。
3 調味料を合わせて、鰻が熱いうちにたれに絡ませる。
4 フライパンに油を熱し、両面焦げないように焼く。

岡谷市
ワンポイント
たれを塗ってからは焦げやすいので気をつけましょう。

カルシウムたっぷり
骨せんべい

材料

鰻の骨
片栗粉
揚げ油
塩

作り方

1 内臓から骨を外して流水にさらし、食べやすい大きさに切る。
2 1の水気をよく拭き取り、片栗粉をまんべんなくまぶす。
3 低温の油で30分ほどかけてじっくり揚げる。
4 カリッと揚がったら油をきり、熱いうちに塩をかける。

岡谷市
ワンポイント
子供のおやつにも、お酒のおつまみにも。

のんび荘の手打ち蕎麦とおたぐり
下栗の里いっ福の栗ご飯と下栗芋
小さい喜びを追っかけて生きている

‥飯田に行くことがあれば、のんび荘に寄ってみてください。蕎麦と卵焼きが美味しいです。愛知県碧南の一灯の長田さんからのメッセージ。木曽山脈に沿って伊那谷を下る段丘の山側を通る眺望の良い道だ。伊那から小一時間の道のり。妙琴公園キャンプ場入口を過ぎると山小屋風のんび荘。今回は下見。おすすめの自然卵玉子焼きは次回送り。古くは大和朝廷へ献上した馬の産地。中山道の脇往還だった三州街道では馬による物資輸送が盛んで馬肉を食べた。飯田線の鉄道開通とともに使役馬も減少するが馬食文化は残る。馬刺しは中南信地区を中心に、おたぐりは伊那地方に残った。おたぐりは馬の腸である。22m もある腸を手繰り寄せたことでの呼び名。塩水で洗った腸

手打ちそばと共に卵焼き・豆どうふがおすすめ

下栗に想いを寄せた『日本百名山』深田久弥の碑

を大鍋に入れ、かまどで５時間ほど煮た後 30 分蒸す。そのまま食べてもいいが味噌で煮込んだり、にんにくと醤油（塩）みりんで炒めたり、野菜と一緒に炒めて食べている。再訪を約してのんび荘を後にしたが奥さんのコロナ感染で中止。ご主人から是非と紹介されたのが飯田市上村の下栗である。上村川沿いの国道 152 号。上村小学校からくねくねの山道へ。下栗は南アルプスから伸びる尾根に開かれた標高 800 〜1000m の傾斜面にある集落。「下栗ほど美しく平和な山村を私はほかに知らない」。昭和 43 年に訪れた百名山の深田久弥の碑が南アルプス連山を眺めている。下栗の栗ご飯、「のんび荘のご主人はいつもおかわりするんです」と美栄子さん。下栗芋の煮物をほうばると下栗の里の風景が見える。

いっ福の料理番は美栄子さん。畑や山里の旬で作る

雲を眺めるいっ福の主人熊谷兼富さん

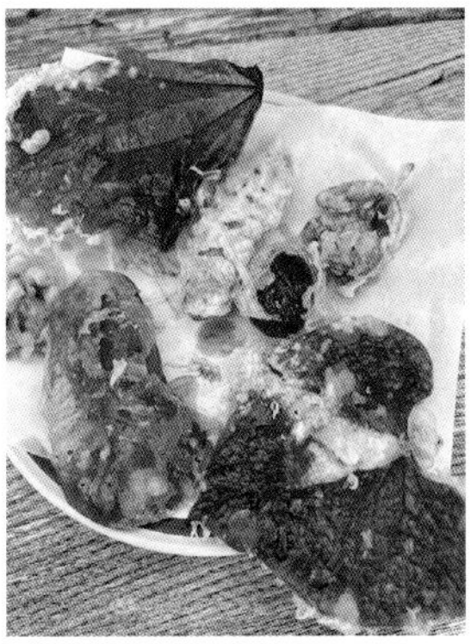
本日の天ぷら（７種）はさつま芋の葉・ミント・ズッキーニ・ピーマン・なす・山ぶどうの葉・ミニトマト

いっ福定食は栗ご飯に天ぷら‥

飯田市美術博物館の庭に立つ桜の大樹「富安桜・長姫のエドヒガン」

いっ福の畑。わずかな平地や斜面を使って野菜を育てる

松風になりたい‥伊那谷を眺望する喬木村の高台にたつ椋鳩十の碑

南信地域の郷土料理

おたぐり

材料

馬のもつ
長ねぎ
生姜
塩（味噌・醤油）

作り方

1 馬もつはよく洗い、鍋にたっぷりの水を入れて生姜や長ねぎと一緒に3～5分ゆでこぼす。
2 **1**をしっかり手でもみ洗いしてから、もう一度同じようにゆでこぼし、再びもみ洗いする。ここでしっかり洗うのが臭みを取るポイント。
3 フライパンに油を熱してもつと長ねぎを炒め、好みの調味料で味付けする。

ワンポイント

飯田市

馬が生活に欠かせなかった上伊那では馬肉文化が根付きました。馬の腸は25m前後あるといわれ、下処理で洗う際に手でたぐり寄せるようにかき出した様子から「おたぐり」と呼ばれるようになったそうです。

香り豊かな

あざみの煮物

材料

あざみ（戻したもの）……500g
醤油……大さじ3
みりん……少々

作り方

1 あざみは3～4cmの長さに切る。
2 鍋に油を熱し、あざみを軽く炒める。
3 ひたひたに水を足し、調味料を加えて炒める。

ワンポイント

飯田市

がけあざみはごぼうに風味が似ていて昔から食べられていました。近年食べられるようになったのはみずあざみです。

秋には欠かせない

栗ご飯

材料(2合分)

米……2合
栗……300～500g
塩……小さじ1強

作り方

1 栗は水に浸して皮をむく。
2 米は2合分の水を入れ、30分ほど浸しておく。
3 2に塩を加えて混ぜる。
4 栗は好みの大きさに切って米の上に広げる。
5 ご飯が炊けたらさっくり混ぜ合わせる。

飯田市

ワンポイント

もち米を米の分量の2割ほど入れても、もっちりして美味しいです。

さっぱり美味しい

茗荷と玉ねぎの甘酢漬け

材料

玉ねぎ
茗荷
酢・砂糖・塩

作り方

1 玉ねぎを薄くスライスして沸騰した湯で2～3分全体が浸かるようにしたら冷水にとる。
2 茗荷は根元を切り落とし、縦半分に切って熱湯で1分ほどゆで、粗熱がとれたら水気を絞る。
3 合わせた調味料に1・2を混ぜ合わせ、容器に入れて冷蔵庫で保存する。

飯田市

ワンポイント

冷水に取るときは、浸し過ぎると風味を損なうので気をつけましょう。

発色が美しい

茗荷の甘酢漬け

材料

茗荷
だし
酢・砂糖・塩

作り方

1 茗荷は根元を切り落とし、縦半分に切る。
2 湯を沸かして茗荷を1分ほどゆでる。
3 ざるに上げて粗熱がとれたら手で絞って水気をとる。
4 保存容器に調味料を合わせて3を入れ漬け込む。
5 冷蔵庫で保存する。

飯田市

ワンポイント

浸けているときれいに発色します。

日だまりよもやま話

中野市永江の林檎畑で…その3

五百子　朝はとっとことっとこ早いんだ。おっかねように早い。帰りになったら草ばっか食って、おい早よケツひっぱたいてくれや。それが4キロの道ね。今じゃ思い出がある。写真撮ってけばけん。カメラなんてあの当時ねえし。頭の中のカメラでな。山羊もこっちにね、種付けさって、引っ張ってきて置いてくん。んで、帰りにまた引っ張ってくん。ヤギの乳は親たちや兄が、こうやって絞るけど、それだって半年ぐらい。出るのな。子産んでからさ。

愛子　産まなけりゃな、出ねえから。

五百子　その人にね、であの、野菜に堆肥っての必要になって、じゃ牛もやめたしどうするせったら羊飼うようになったんだ。綿羊な。綿羊飼って、毛刈り来てくれる人もいらったから、それを出して毛糸ば。毛糸に変えてむの。それで今度冬になれば編み物して、そいでセーターなんか作ったり。それだって、私の友達のお母さんがね、若かったんだ、長女だから、その人は。

で、私は末っ子だからさ、母親へ、そんなことやらない。

手袋っくれ編んでくれたけんな。わがいお母さんっていいなと思って。でそこのうちで遊び、だいたい二人しか女、友達いねから、行けば、ご飯に腹減ればね、ご飯買ってソースかけるんだよ。おい、ソースかけてみ。うまいぞ。ソースってなんだよ、なんつって。こっちはまだあの母親が年してるからさ、ちっと遅れてるんだな。

愛子　買っても来てねよな。

五百子　うまかったでぇ、ソースつって。それまで醤油かけてたまには食べた。そしたらソースかけて。そうか、それじゃ買ってくる。買ってもらおうかつってね。

愛子　そんだよくこんな長生きできたな。私だって全部切ってとってあるんだけんな。乳がんもやってるし、甲状腺もとってあるし‥。

五百子　それでこの人、後遺症っていうんか、そういうのねってんの。

愛子　今、だからなんの病気もねえ。子供の頃の食生活ってさんべんめしにふうき味噌だで。春はわらび。それに山菜。買ってきた野菜ねんだもん。青菜は摘み菜はあるけんな。そんな同しよなもんきだす。わらびなんか山行けばいくれでもある。昔は灰ででやってたな。今重曹だけどな。直に入れちゃう。

五百子　けがにわらびこう並べたら上こうやってな、振りまいて。

愛子　熱いお湯をひたひたになるまで。

五百子　ちょっと昔の人の生活の知恵だと思うけど。昔みんな、ほら、今こんな電気な、ガスなつってっけど。みんなお勝手だってぼやっすうの。だからもうお勝手にね、ぼや入れってのあるんな。

愛子　竃(かまど)のそばにぼや、そごの木から持って来ちゃあね。
五百子　持って来て置いてもらえば。
愛子　りんごの枝の細かいのな。
五百子　その前には杉っぱってのな。
愛子　あの、枯れたやつ。
五百子　だから今のものなんてゴミなんつけど、なんせすげゴミ。
愛子　竃で2升炊くんだで。8人もいるから。兄弟父ちゃん入れて8人。
五百子　だからね、ご飯の支度だなんせ言えばさ、今ならガスでも電気でも、やっとけばなんかできるじゃん。つきっきりで、あまた燃えた、また足さなくちゃ‥って。
愛子　ご飯こびついちゃう。
五百子　だから、まずはお湯沸かしてな。お湯沸かして、お汁作ってさ。竃じ2つあるんだ。こっちこがご飯の方、こっちはお汁やお湯ね。で私だってここに来た頃は‥。
愛子　嫁ん時は眠ってぇんだ、朝。そうしておめぇ竃のめえで、居眠りしてればけ、ご飯の火やずっとあとしゃってきちゃってな、あの釜の底にいねえんだよ。いや慌てて押し込んで、また炊いてって‥。
五百子　だからあっちーこっちーな、忙しい。それで、おらもちったぁ、あの昔、一時、大体のうちはタバコ作ってたんだ。だけど、その子供だってね、宿題もあるにもかかわらず、夜になるとね、手伝わなくちゃいけない。この、干す時な。葉っぱを広げる。そうするとね、大人と子供はこうやって、はあ、なるんさ。んじゃ大人は、ま、広い方やるけど、子供は、んだ、そんでもいれば、ほら、子供だってこうやって抑えてるしね。そうすると、こんな、いや、ほら、父ちゃんもようせった。手引っぱたかれてさ、見ちゃいけねえ。ほいで、宿題なんてね、二の次なん。
愛子　生活かかってるもんね。
五百子　ある程度乾けば今度うちん中にね。入れてな。
愛子　ぶる下げてま。カビ生えちゃうからな。
五百子　蚕も一時流行ったけどな。
愛子　蚕のこの下で寝てた。
秋は栗。山栗。アケビだの柿、柿。いっぱいなっててな。
五百子　それでね、あれ。ホップ採りって。うん、いつからやったっけ。ホップってビールのね。
それがね、わがんでいっぱい作ってやったんだ。うわ側の方はね、雪が多いんだら、りんごやなんかできないからだから、ホップっていうのね。そこへ、その、学校から帰ってくると、たといくらでもいいから一人で摘みに行く。小遣いになるし、行けば、よくしてくれたせってね。飴くらるの。で、今日はどんな飴がやって。なんせ自分じゃ全然買わないんだからさ、金もないしね。そういうもんかと思ってるから、えらい不自由だと思わなかったの。
ほいで、学校からけぇってくればすぐ行って、それで、それじゃえぐらなるか知らねけど、目方測ってもらって、ほんで、はあ今日はえらいってとったななんて言ってみたりな。
愛子　手の早い人はいっぱい取るんだ。私は手のろだからな。20円くれぇしか稼がんね。
五百子　それでね、その金をば学校におらん時はな、子供貯金ってあった。それで、そこへ、ま、あの、私、おじさんも森林組合行ってたから、薪拾いに来れば一束いくらなんてへえ、忘れちゃったけん。今日はね、ちょっとずつでも行けば一束えぐらでさ。そんで、小遣いを学校貯金したん。ほいでも今考えれば、どうしてあんなことしたんだやら。修学旅行出せば、その貯金おろして、そんで行ったんだよ。バカなんだやら利口なんだやら。
愛子　そんだって親のすけ(助け)したんだもんね。
五百子　すけしたんだもんなあ。だけん、一生懸命楽しみに、今日は何キロだ。え、いくらだなんて、今日はえくつしゃったなんつってさあ。そ、だからおれ、未だにちょろちょろちょろちょろ。

佐久平をいただく

おお浅間　初めて観るが懐かしい姿
蕎麦を食べた山頭火
「一茶がおらが蕎麦と自慢しただけのことはある」と。
『風立ちぬ』の堀辰雄に誘われて
一夏を過ごした深田久弥は
「ズングリと丸坊主」の火山を百名山に。
真田の里上田は林檎や高原野菜
島崎藤村が好んだのは川魚
鯎《うぐい》のつけば漁は
初夏の千曲川の風物詩。
水田では田鮒の養殖
千曲の水で育つ佐久の鯉
千曲川から信濃川へ
日本最長367kmの水の旅は
川上村の甲武信ヶ岳から始まる。

そばがき

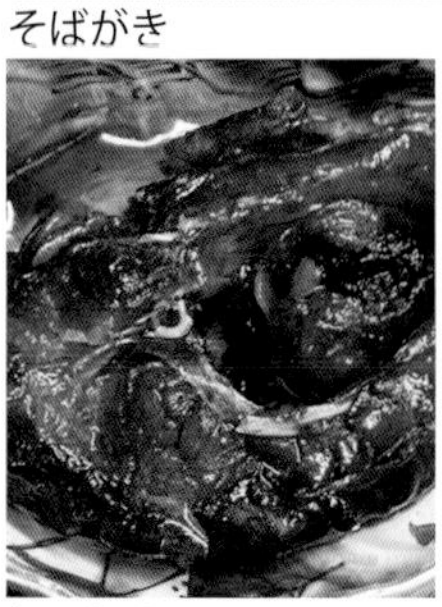

鯉の旨煮

佐久平から見た浅間山（右端）
剣ヶ峰・黒斑山・高峯山と続く

上田 佐久平 諏訪 地域の

みまきいちご

【御牧苺】

●希少な小諸市産の「御牧いちご」は起源が室町時代に遡るともいわれる「幻のいちご」。果肉は芯まで赤く、強い酸味と香りが特徴。平成19(2007)年に信州の伝統野菜に選定された。昭和11(1936)年、群生する野生のいちごを元に長野県農事試験場が加工用優良品種を目標に育種に着手、3年後に御牧ケ原一号・御牧ケ原二号が作られた。現在流通しているいちごの原種だといわれる。御牧ケ原台地は日本で最初にいちご生産が始まった地でもある。

さくこだいきゅうり

【佐久古太胡瓜】

●佐久市志賀・春日地区で昭和30年代から栽培されている。実が太く短く、収穫期は果実長13cm太さ3.5cmほど。成長すると果実の先端が茶色くなる。果肉はみずみずしく歯ごたえがあり苦味が少ない。生食・粕もみがおすすめ。

収穫:7月上旬～10月下旬

佐久市

かっぱうり

【河童瓜】

●茅野市北山糸萱地区などで栽培される。70年以上前から「河童瓜」の名で親しまれてきた。近くの滝ノ湯川お洗馬淵の河童伝説に由来すると推察されている。果実の長さは20cmほどで直径は5～6cm。熟すと黄色から赤褐色に変色し、表面に白い割れ目模様が入る。果実はみずみずしく肉厚で歯切れが良い。皮を引いて輪切りや薄切りにしていただく。

茅野市北山糸萱地区、湖東笹原・須栗原・白井出地区

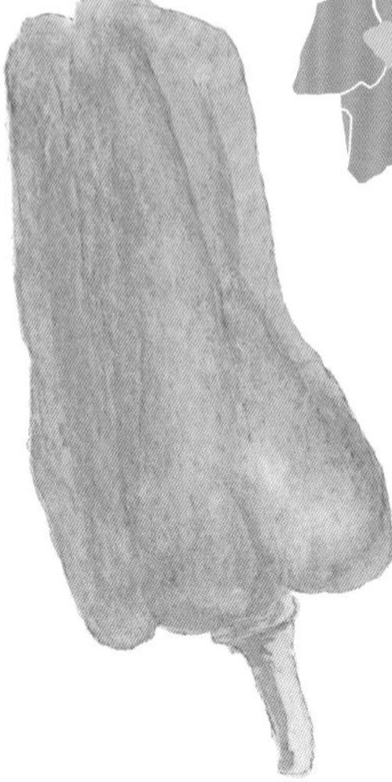

そらなんばん

【空南蛮】

●昭和以前から小諸市耳取地区で栽培されていた。黄緑色で皮が薄く軟らかく、辛味はあまり感じない。果実の先端が空を向いていることが名前の由来。長さ7～8cm重さ約30ｇで収穫される。種が付いたままで醤油煮や焼き物などにしていただく。

収穫:7月上旬～10月下旬

小諸市

伝統野菜

ひしのなんばん
【ひしの南蛮】

●昭和18(1943)年頃、戦争帰国者が朝鮮半島から持ち込んだ種子を栽培したことが始まりといわれる。大きさは卵半分弱で重さは約15g。肉質は柔らかく、苦味と甘味がある独特の風味をもつ。種付きのまま醤油煮・天ぷら・炒め物・焼き物などでいただく。地域の行事食として使われてきた。

収穫:7月中旬〜10月下旬

小諸市

おっことあかうり
【乙事赤瓜】

●諏訪郡富士見町の乙事地域で生産される。昭和初期から自家用に栽培されてきたと思われる。富士見町乙事地区で栽培されていたことから「乙事赤うり」と命名。「カリカリうり」「赤うり」とも呼ばれる。平成23(2011)年に信州の伝統野菜に認定された。一般的な胡瓜よりもずんぐり太く大きい。果実の長さは15〜20cm直径10cmほど。完熟果は赤褐色。果肉は硬く、厚めに皮をむいて味噌和えや塩もみでいただく。

諏訪郡富士見町

いとかやかぼちゃ
【糸萱南瓜】

●茅野市北山糸萱地区で明治以前から栽培されてきた。八ヶ岳山麓標高1000mに位置する糸萱地区の土壌には鉄分などミネラルに富む上、高原気候が南瓜栽培に適していた。重さは2〜5kgで硬く重量感があるのが特徴。きめは細かくほくほくした食感、自然の甘みがある。天ぷらやコロッケでいただく。平成27(2015)年信州の伝統野菜として認定。

収穫:9月上旬〜11月下旬

茅野市北山糸萱、湖東笹原・須栗平・白井出

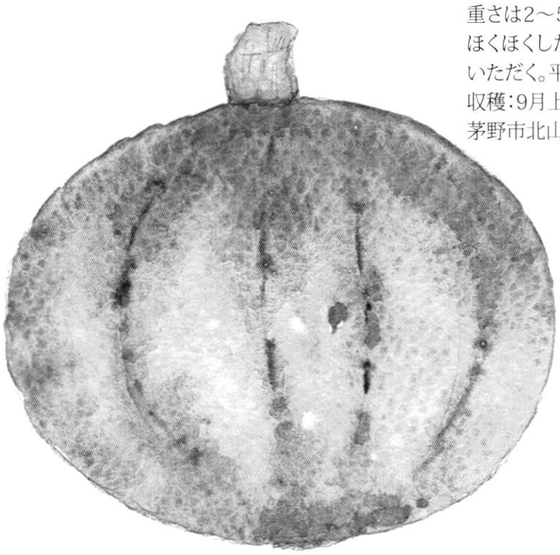

うえのだいこん
【上野大根】

●寛永年間(1624〜1642)の高島藩による開拓時に導入され、元禄時代(1688〜1703)には特産品と認められている。円筒形で根長は25cmほどで首部は淡緑色。肉質は緻密で硬く、加工後も肉質が変化しにくい性質がある。干し大根を漬ける本漬けとして加工され、蚕糸産業全盛時代には重要な副食品とされた。地元の高島城主に献上されていた由緒あるたくあんである。

収穫:11月上旬〜11月中旬

諏訪市

●おいしい信州ふーど図鑑(長野県農政部農業政策課)

美味しい旬の時期に

胡瓜の粕和え

材料

胡瓜……2本
塩……小さじ1/2
酒粕……90g
砂糖……小さじ1
塩……小さじ1/2

作り方

1 胡瓜は薄く小口切りにしてボウルに入れ、塩を混ぜて10分ほど置く。
2 酒粕に砂糖・塩を混ぜ合わせる。
3 1の水気をきり、2で和える。

飯田市　胡瓜の粕もみ

伊那市

ワンポイント

ぬき粕を使う場合は粕に味付けはいりません。酒粕が貴重な昔は、夏のご馳走でした。

春の食べ方　お茶うけに

野沢菜の酒粕煮

材料

野沢菜漬け（少し酸っぱくなたものでも）
酒粕板（好みの量）

作り方

1 酸味が出てしまった野沢菜漬けは水出ししてから水分を絞って使う。
2 1〜2cm程に切り、じっくりやわらかくなるまで煮る。
3 酒粕を入れて煮含める。

中野市

ワンポイント

酒粕の量は好みで入れます。少量でも十分味はつきますが、多めに入れてご飯のおかずにしても美味しいです。

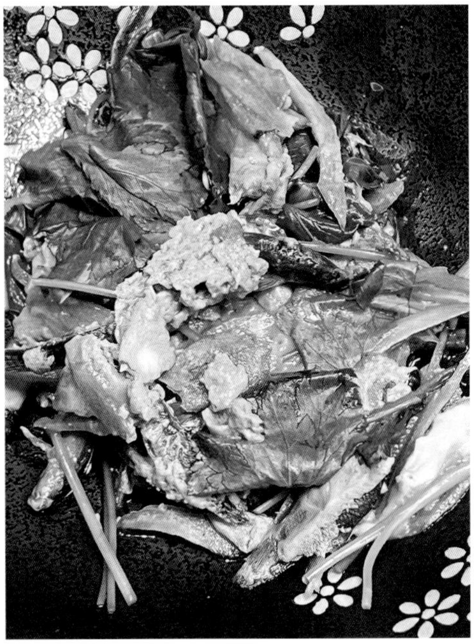

ドジョウの卵とじ

スタミナ食

材料

どじょう
玉ねぎ
卵
三つ葉
酒・醤油・みりん

作り方

1. どじょうを水でよく洗う。
2. 玉ねぎはくし切りにする。
3. 鍋に水と調味料を入れてドジョウを煮る。
4. 煮立ったら玉ねぎを加え、透き通るまで煮る。
5. 煮立ったら三つ葉を散らし、溶き卵を回し入れる。

ワンポイント

伊那市

昔から「ウナギ一匹、ドジョウ一匹」と言う表現があり、ドジョウ一匹はウナギ一匹に匹敵する栄養価があると言われています。

干し柿チーズ巻

お茶うけやおやつに

材料

干し柿
胡桃
カマンベールチーズ

作り方

1. 干し柿のへたを切り取り、半分に切る。種は取り除く。
2. 細かくした胡桃・カマンベールチーズを入れラップで巻いて冷凍庫で保存する。

ワンポイント

中野市

やわらかめで大きめの干し柿が巻きやすいです。

さつま芋の茎とぼたんこしょうのきんぴら

歯ざわりと辛味を楽しむ

材料

さつま芋の茎
ぼたんこしょう
ちくわ
食用油
醤油・みりん・酒

作り方

1. さつま芋の茎をゆでて4㎝ほどに切る。
2. ぼたんこしょうは短冊切りにする。
3. ちくわは縦半分にし斜め切り。
4. フライパンに油をひいて炒め、調味料で味を調える。

ワンポイント

中野市

ぼたんこしょうは信州の伝統野菜で、70年以上の栽培歴史があります。辛さの中に甘みがあります。

定年後、育ったふる里にUターン
小さな畑で小さな命と向かい合い
手塩にかけた野菜をいただきます

かつては木曽地方の宿場料理だった「おおびら」

人参・大根・里芋・ルバーブ‥畑で収穫した野菜と一緒にツーショット。満足笑顔の藤原健さん・あずみさん

‥あずみさんは書く仲間の一人で、10年ほど前に実家のある安曇野に戻って、おもに農家をやっている。旦那が元報道写真家で、書道も面白い。猫と子ども好きの一家。ブログがとても爽やかです。‥タオさんから届いたメール。‥一景さんは児童文学者の山口タオさんの友人で、取材というより友人の訪問のように思っていたら、取材が始まってしまいました‥訪問した日のあずみさんのブログ。安曇野‥語感がいい。心地良い響き清々しい。その名を広めたのは臼井吉見の小説『安曇野』である。当時は安曇平。大町から松本に至る細長い盆地の名称だった。平成 17 年の大合併で安曇野市が誕生した。訪ねたのは 10 月半ば、屏風を立てたような北アルプスに続く田園の風景に溶け込むように藤原家はあった。そば畑と稲

人参・大根・里芋‥畑の野菜で料理するあずみさん

早朝はキーンと冷えて有明山（信濃富士）がモルゲンロートでした‥あずみさんからのメール

ぼっくりの田んぼに囲まれ、石の小径が続く庭の可愛い家だ。まず畑を散歩。漬け菜の畝のまわりには虫がつかないように草の額縁。枯れ草にシートをかけて堆肥作り。稲・大豆・人参・大根・馬鈴薯・蒟蒻・隠元・里芋・葱・たらの木‥野菜のおもちゃ箱だ。畑が笑っている。健さんの退職後、千葉県佐倉の家を処分してあずみさんの実家に戻った。小農ぐらしを愉しむ姿は愛おしい。日没の景色の中を散歩しながら温泉へ。‥土曜日の朝。東の空が鴇色に染まりました。朝ご飯のあとは、畑と相談。サトイモは初掘り。メインは夫の手作りこんにゃく。夫の故郷の郷土料理おおびら‥あずみさんのブログ。帰り際、健さんから渡されたコピーは「小農のススメ」。阿南町で日々貧乏自給百姓生活を思い切り楽しんでいる小椋啓司さん手書きのメモだった。

今夜のおかずは故郷のおおびら‥里芋を掘る健さん

寺島美代子さんはあずみさんのお母さん

野の花束を作った詩ちゃんは常見さんの娘

北アルプスに陽が沈むと山々は青い薄衣をまとったよう。秋の夕暮れ、静寂のひと時

隣人は家具や小物を作る木工家の常見久美子さん

漬菜・じゃが芋・陸稲を植えた畝の周りの草は虫除け

畑の枯れ草を集めて発酵させて堆肥を作る

雨水タンク

ストーブは飾り

稲藁であずみさんが作った藁ぼうき

蒟蒻芋

芋から蒟蒻を作る健さん。手作りのこんにゃくの刺身穂高山葵を添えて‥

安曇野わさび田湧水群は北アルプスの雪解け水が地下に浸透、湧出したもの。1985年、名水100選に

うずらの卵入り

中華ちまき

材料

餅米……3合
干ししいたけ
たけのこ(水煮)
人参
チャーシュー(豚こま、鶏でも)
松の実
うずらの卵
油……大さじ1
A 塩……少々
A 固形スープ……1個
A 紹興酒(料理酒)……大さじ1
A 醤油……小さじ2

作り方

1 もち米は洗い、たっぷりの水に一晩浸しておく。
2 干ししいたけは水で戻してみじん切りにする。戻し汁は残しておく。たけのこ・人参もみじん切り、チャーシュー(肉)は細かく切る。
3 フライパンに油を敷き、うずらの卵以外の具材を炒めてAを加える。
4 大きめの鍋などにごま油を敷き、もち米を透き通るくらいまで炒める。
5 **4**に**3**を加え、しいたけの戻し汁を加える。焦げないようにかき混ぜながら水気が飛ぶまで中火で煮込む。味を調え、
6 米に芯があれば水を足してさらに煮る。
7 水気がなくなったら火を止めて少し冷ます。
8 アルミホイルなどに小分けにし、真ん中にゆでたうずらの卵を入れる。

安曇野市 ワンポイント
刻みねぎと柚子の皮をのせると香りと風味が増します。

ハレの日のごちそう

五平餅

材料

米
味噌/醤油
みりん・砂糖
くるみ/ごま/山椒

作り方

1 ご飯をややかために炊き、塩を少々加えて熱いうちにすりこぎでつぶす。(好みで加減する)
2 形を整えて串に刺し、焦げ目がつく程度に焼く。
3 たれをつけてもう一度焼く。

【山椒味噌】味噌・砂糖・みりん(酒)を加えて火にかけて練り味噌を作り、すりこぎで細かくした山椒の若芽を混ぜる。
【くるみ味噌】味噌・砂糖・みりん(酒)を加えて火にかけて練り味噌を作り、すりつぶしたくるみを混ぜる。
【くるみ醤油】すりつぶしたくるみに醤油・砂糖・みりん(酒)を混ぜてとろりとなるまで混ぜる。
【ごま、えごま】どちらも香ばしく煎ってすりつぶし、醤油または練り味噌で味をつける。

南木曽町 ワンポイント
お米が貴重だった昔は、ハレの日のご馳走でした。形やたれは地域や家庭によって色々です。

酸味がクセになる
すんき蕎麦

材料

すんき
蕎麦
めんつゆ

作り方

1. 蕎麦をゆでる。
2. 好みの濃さでめんつゆを作り、一煮立ちさせる。
3. 器に蕎麦を盛り付けすんきをのせる。
4. 3の上からめんつゆをかける。

南木曽町

ワンポイント

赤かぶの葉を、塩を使わずに乳酸発酵させた漬物です。標高が高く寒さの厳しい木曽地方に300年以上も前から伝わる漬物です。

収穫祭のごちそう
栗おこわ

材料

もち米……1升
栗……500g
小豆
A 塩……少々
A 砂糖……少々
A 水……もち米1升に5カップ
酒……$^{1}/_{2}$カップ

作り方

1. もち米を6時間以上水に浸す。
2. 湯気が出てから15分強火で蒸す。
3. 取り出して、煮た栗（小豆）・酒を入れ混ぜ合わせる。
4. 再び15分蒸した後、A（しと）をうってから15～20分蒸す。
5. 仕上げに酒をふりかける。

中野市

ワンポイント

もち米で少しかたく（こわく）炊くので「おこわ」と言います。

この時期しか食べられない
野沢菜の間引き菜お浸し

材料

野沢菜の間引き菜
醤油・めんつゆなど

作り方

1. 間引き菜は根を切って洗う。
2. さっと色よくゆでて好みの調味料で味付けする。

長野市

ワンポイント

野菜を大きく育てるために摘む間引き菜は、その時期にしか食べられない味です。

標高1300mの高原で暮らす乳牛
レタス・白菜など高原野菜の産地
「日本で一番綺麗な星空ベスト3」

牛たちの「お皿」は大理石。表面がつるつる、硬くて丈夫だから牛が舐め回しても減らないし、掃除もしやすい

「この仔は北海道で育ててから戻ってきます」

野辺山で -0.2℃を観測、全国初の冬日に‥全国に報じられた数日後、JR 小海線の野辺山駅へ。標高 1350m、日本一高い駅は霧に包まれていた。野辺山の酪農家は 49 戸、約 3000 頭の乳牛が暮らす。500 頭がジャージー種、残りはホルスタイン種だ。ドイツのシュレースビヒ・ホルスタイン州が名の由来。大型で乳量が多く飼育しやすい。標高 1300m の野辺山高原は寒さに強い牛たちにとって最適な環境だ。平沢地区の高見沢潤さんの牛舎では 70 頭を飼育する。搾乳は朝夕２回。乳を拭き検査用の乳を採ってからミルカーという搾乳機をつける。空気に触れずに絞れる優れものだ。毎日搾乳しないと病気になる。生き物相手 1 日も休めない。乳を出すのは牛にとっても重労働。生乳は１日約 1900 ℓ 。タンクローリー

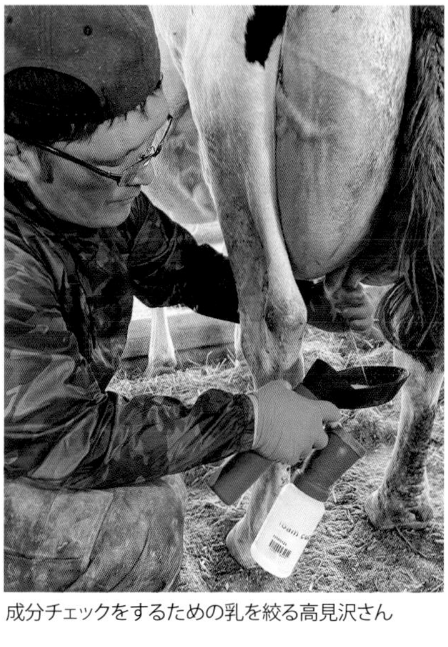

成分チェックをするための乳を絞る高見沢さん

第３甲州街道踏切は標高1375m。JRの最高地点

が牛舎を回って生乳を集める。新鮮さが勝負。検査後、生乳を冷却してタンクに蓄える。完成した牛乳は南牧村・川上村・小海町など周辺の小中学校の給食として子供たちに飲まれている。

昭和 10 年、小海線が全通すると物流時代が到来する。出荷組合を作り白菜など高原野菜を関西市場へ出荷する。大根は加工してたくあん漬けに。サラダにするレタスやキャベツが広まるのは昭和 35 年頃。C56 蒸気機関車のブレスト音が響くのは昭和 37 年までだ。野辺山駅の南東を流れる矢出川両岸の畑地にある遺跡群。黒曜石の細石刃が発見された。八ヶ岳南麓に初めて足跡を記したのは旧石器人。1 万３千年前のこと。888 年、八ヶ岳が水蒸気爆発、松原湖と南牧湖ができた。現在の南牧村になったのは明治 22 年である。

牛乳は南牧村、苺は南相木村‥地産ショートケーキ

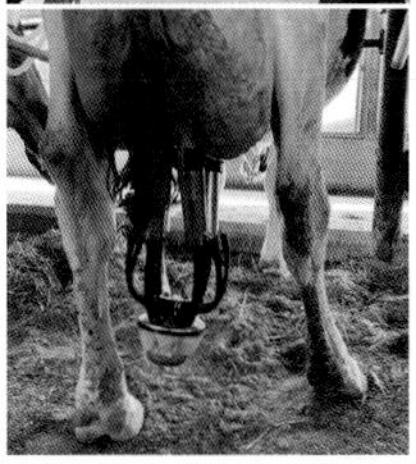

乳牛のお母さんにとって乳を出すのは大変な仕事。搾乳後は座って体力回復を待つ

山麓に点在する野辺山管内の牧場から生乳を集める

搾りたての新鮮な生乳で牛乳を作る

南牧村の農産物直売所

八ヶ岳連峰に続く広い青空の大地は白菜やレタスなど高原野菜が育つ。冷涼な気候と日照時間に恵まれている

濃厚な美味しさ

牛乳鍋

材料

豚肉または鶏肉
豆腐
白菜・人参・長ねぎ・しめじなど
だし
牛乳……200mℓ
味噌……大さじ1.5

作り方

1 鍋に水200mℓとだしを入れて一煮立ちさせる（鶏肉を使う場合は最初に入れる）。
2 野菜・きのこ類を入れてしんなりしてきたら、豚肉と豆腐を入れる。
3 肉に火が通ったら、味噌を溶き入れて牛乳を加える。沸騰しないように弱火で10分ほど煮る。

南牧村 ワンポイント
ほうれん草や小松菜など好みの野菜や、鶏ガラ、海鮮、餅などを入れても美味しくいただけます。味噌の量は好みで加減します。

牛乳鍋のシメは

牛乳リゾット

材料

牛乳鍋の残り
ごはん
チーズ

作り方

1 牛乳鍋に残った具材を細かく刻む。
2 炊いたご飯を加えて混ぜながら少し火にかける。
3 器に盛りチーズをかけて、軽く焦げ目がつくくらいにオーブンで焼く。

南牧村 ワンポイント
ご飯を加えて、必要であれば調味料で味を調えましょう。

雪国では家にある野菜で

七草がゆ

材料（4人分）

米……1合
水……1.2ℓ
焼いた餅……1切れ
白菜・キャベツ・大根・人参・小松菜・きのこなど
塩……少々

作り方

1 鍋にといだ米と水を入れて強火にかける。
2 沸騰したら中火にしてふきこぼれないよう蓋をずらしておく（鍋の上に箸を渡してその上に蓋をおくと良い）。
3 小さな穴（カニ穴）ができてきたら火を止めて、10分くらい蒸らす。
4 野菜は細かく刻んでかためにゆでておく。
5 3の粥に4と焼いた餅（かゆ柱）をちぎって入れ、塩で味を調えてしばらく蒸らす。粥のかたさは好みに応じて水の量を加減する。

ワンポイント
飯山市
雪に閉ざされて、一般的な七草が揃わないのでねぎ、野沢菜、人参、豆、白菜などで作ります。

季節の食材を保存する知恵

なす干し

材料

丸茄子

作り方

1 収穫後すぐ茄子のへたを取り、縦に5〜8mmくらいの厚さに切って塩水に約1時間さらしてアクを抜く。
2 晴れた日に3〜4日かけてカリカリに干す。波トタンを利用すると良い。
3 虫がつくのを防ぐため、秋晴れの日にもう一度干す。密閉容器に入れておく。

【もどす方法】
1 茄子と水を鍋に入れ、沸騰したら火を止め15〜20分そのまま置く。
2 黒くなったゆで汁を捨て、水を替えながら2〜3回軽くもみ洗いする。

ワンポイント
飯山市
茄子がたくさん採れる夏に天日干しにして冬に活用します。戻して油炒めにすると肉の味がすると言われました。

渋柿を甘柿に変える知恵

吊るし柿

材料

渋柿
麻紐

作り方

1 渋柿はへたの上の小枝をTの字に残して切り、皮をむく。
2 Tの字の小枝に紐をかけて結んで吊るす。風通しの良い、雨の当たらないところで2週間くらい干す。
3 表面を傷つけないようにして軽くもむ。
4 途中何回か軽くもんで、表面が乾いてきたら紐から外してざるなどに広げ、1〜2日天日に干す。
5 菓子箱などに移し、蓋をしておく。時々天日に当てる。
6 白い粉がふいてきたら出来上がり。

ワンポイント
中野市
冷たい風と秋のやわらかな日差しが、干し柿のやさしい甘味を作り出します。干し柿の天ぷらも絶品です。

長野にいるから作れる家庭料理を めぐる季節、食材の味を引き出して おいしく食べて健康に‥長生きレシピ

病院レストランのシェフ山田康司さん

もち麦雑炊といきいきレシピのカード▶

旅の最後の訪問先は丸子中央病院。しなの鉄道大屋駅から千曲川に合流する依田川添いに建つ大きな病院である。バラの花に囲まれた正面入口。エントランスゲートの壁面には病院のシンボルオブジェ「ビッグツリー」。エレベーターで９階へ。大きな窓からは依田川と山並み風景。木曽義仲が平家を討った古戦場跡とか。アンティークの家具や雑貨、油絵が並ぶ愉快な入口はまるで骨董屋だ。傍に立つランチメニューは２つ。鳥もも肉の味噌照り焼きをチョイス。「日本一おいしい病院レストラン」ヴァイスホルン。2013 年に新築移転、「地域のしあわせ創りに貢献する」病院としてスタート、レストランも開業した。病院の思いに共感した山田康司さんがシェフを務める。食材の持っている味を引き出すような料理を目指す。

TSURUYA & 丸子中央病院

丸子中央病院　山田シェフの
いきいきレシピ

もち麦雑炊、もち麦のガレット

おすすめ食材
もち麦

もち麦はもち性の大麦で、水溶性の食物繊維の一種、「β-グルカン」が多く含まれることで大変注目されています。β-グルカンの食後血糖値の上昇を抑える働きや、血中コレステロールを下げる働きなどは世界各国でも認められているほどです。主食としてだけでなく、サラダやスープに加えてもおいしくいただけます。

丸子中央病院
管理栄養士 平田 晴美

栄 養 量（もち麦雑炊）

・エネルギー…324kcal	・水溶性食物繊維…4.9g
・たんぱく質…25.6g	・不溶性食物繊維…3.6g
・脂　　質…6.7g	・食 塩 相 当 量…1.7g
・炭 水 化 物…43.5g	

水溶性の食物繊維（善玉腸内細菌のえさとなる）を豊富に含むもち麦を使ったレシピを考えました。試してみて下さい。
もち麦のガレットは焼肉の時におすすめです。味がさらっとしているので、焼肉によく合います。サラダを添えて召し上がってみて下さい。上手に焼けばライスバーガーにもなります。

シェフ 山田 康司

http://www.tsuruya-corp.co.jp　vol.31-112

薔薇越しに景色が楽しめるベランダ席

目的は健康食でも減塩でもない。美味しく食べようとすることが健康食の実践。誰でも利用できる。2015年からスーパーマーケットのツルヤと病院がタッグを組んで、山田シェフが考案する「いきいきレシピ」を提供する。３年後、「第７回健康寿命をのばそう！アワード〈生活習慣予防分野〉で厚生労働大臣賞を受賞。生活習慣を改善して健康寿命を延ばす取り組みを行なっている企業や団体に贈られる。22〜23 年８周年記念の冊子にまとめた。小さい頃から料理が好きだった。続けられることが嬉しい。両親が営む山小屋があった常念岳。その風景がヴァイスホルンのようだと言ったのはイギリスの宣教師ウェストン。4 時厨房の仕事が終わるとバラの手入れが始まる。

薔薇の植え込みを通って病院へ。最上階にも薔薇が

地元の小学生から高齢者が描いた333の木片が組み合わされたビッグツリー

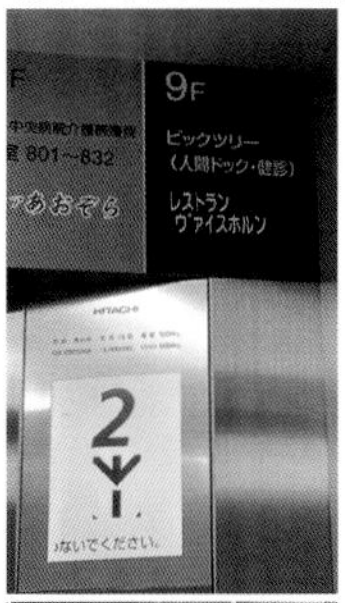

味噌だれが香ばしい

鶏もも肉の味噌照り焼き

材料（2人分）

鶏もも肉……1枚
醤油……小さじ1（5g）
しめじ・えのきなどのきのこ……100g
塩……少々

A
- 甘こうじ（十四割味噌）または蔵づめ味噌（甘口）……20g
- 砂糖……10g
- 醤油……小さじ1/2弱（2g）
- ゆずの皮すりおろし・絞り汁……各少々
- 水……小さじ1（ゆずの絞り汁分減らす）

作り方

1 鶏肉に醤油をからめておく。
2 鶏肉がちょうど入る耐熱容器にきのこ100gを入れ、塩少々して上に鶏肉をのせる。
3 200℃に予熱したオーブンで20分焼く。
4 Aの材料を全て混ぜ、味噌だれを作る。
5 **3**の鶏肉の上に味噌だれをのせ、魚焼きグリルで少し焼く。
6 鶏肉を切って盛り付け、好みで山椒をふりかける。

秋の味覚

松茸ご飯

材料（ご飯 2 合分）

B
- 松茸スライス……70g
- 昆布だし……2.5g
- 油揚げ……1/2枚
- 塩……0.4g（3本指でひとつまみ）

作り方

1 油揚げはみじん切りにしてBを全て和える。
2 炊けたご飯の上にのせて蒸らす。または、どんぶりか茶碗にご飯を入れてBをのせ、ラップをしてレンジにかける。（ラップがふくらむくらい）

上田市

ワンポイント

鮭の西京焼きに使う味噌だれを使った味噌照り焼きと、簡単に作れる即席松茸ご飯です。

クリスマスの彩り

ポークソテー りんご添え

材料（2人分）

豚ロース肉ソテー用……2枚（200g）
塩……1g
こしょう……少々（0.3g）
小麦粉……大さじ1/2
にんにく……1かけ
バター……8g
りんご……小1個
オリーブオイル……大さじ1
玉ねぎ……1/2個
しいたけ……2枚
にんにく……1かけ
塩……0.5g
酢……大さじ1/2

A
- 水……大さじ2
- チキンスープの素（粉末）……小さじ1/2（2g）
- 生クリーム（乳脂肪分47％）……大さじ1

スナップえんどう……4本

作り方

1 りんごをくし形に切り、オリーブオイル大さじ1を使ってフライパンで両面焼く。
2 りんごを焼いたフライパンに適当な大きさに切った玉ねぎ・にんにく・しいたけを入れ塩をふり、蓋をして火をつける。しんなりしてきたら酢を入れ、水分を飛ばす。
3 豚肉の筋を切り、塩こしょうして小麦粉をはたいておく。
4 フライパンにバター・にんにくスライスを入れ火をつけ、バターが溶けて泡立ってきたら豚肉を入れ、弱めの中火にして少しずらして蓋をする。
5 バターがぶくぶく泡立っている火加減にして4分ほど焼き、7割方焼けたらひっくり返す。蓋はせずそのままさらに2〜3分焼き、肉が焼けたら取り出す。
6 フライパンに残った油を捨て、Aを加えて一度沸かし、ソースを作る。
7 りんご・玉ねぎ・しいたけ・豚肉・塩ゆでにしたスナップえんどうを盛り付け、ソースをかけて出来上がり。

ワンポイント

上田市

肉を焼く時、肉と肉の間が広いとバターが焦げてしまうので、空いたスペースに野菜などを入れて一緒に焼きます。バターがぶつぶつ泡立つぐらいの弱めの火加減で焼くと肉がやわらかく仕上がります。

具材たくさんで豪華な一品に
りんご・セロリ・玉ねぎのサラダ

●材料(5人分)

りんご……1 個（300g）
レモン汁……1/2 個分（20cc）
セロリ……100g
玉ねぎ……中 1 個
酢……大さじ 4（60g）
うま味調味料……小さじ 1/2
マヨネーズ……大さじ 4（60g）
A
- 粒マスタード……小さじ1
- 醤油……小さじ2
- 砂糖……小さじ1/2
- シェリービネガー……大さじ1
- 酢……大さじ1
- オリーブオイル……大さじ2
- サラダオイル……大さじ2

サラダの葉野菜（サニーレタス・レタス・水菜・トレビス・アンディーブ・わさび菜・大葉など）

●作り方

1 玉ねぎをスライスし、流水に2〜3分さらしざるに上げ水気をきる。
2 玉ねぎをボウルに入れ、酢とうま味調味料で和え、少しもんでおく。
3 りんごをくし形に切り、5mmぐらいにスライスしてレモン汁と和えておく。
4 セロリを3mmくらいにスライスして流水で洗い、ざるに上げて水気をきっておく。
5 **2〜4**を全て一緒にし、マヨネーズで和え器に盛る。
6 Aの材料を全て混ぜ、ビンなどに入れてよく振る。

上田市
ワンポイント
シェリービネガーは香りが良く、葉野菜の味を引き立てます。えごま油・アマニ油・米油など人気の油を混ぜても。

意外な組み合せ
柿と豚肉のくるみ和え

●材料（4人分）

おけさ柿……1個
豚肉しゃぶしゃぶ用……1パック(160g)
長ねぎ……1/2本
A
- むきくるみ……70g
- 砂糖……大さじ2
- 味噌……大さじ1

湯……大さじ2
ぽん酢……少々(好みで)

●作り方

1 Aをすり鉢に入れてよくする。くるみが細かくなったら熱湯大さじ2を加えてよく混ぜる。
2 鍋に湯を沸かし、豚肉と長ねぎを入れてさっと火を入れ、ざるに上げて水気をきる。
3 **2**を**1**に加えて軽く混ぜ、さらに一口大に切った柿を入れて軽く混ぜ、器に盛る。

上田市
ワンポイント
さっとゆでた豚肉を柿とくるみのたれで和えます。好みでぽん酢を少しかけましょう。柿のビタミンCとくるみのビタミンEは一緒に摂取すると、活性酸素を除去し、細胞を保護する働きをします。

バターで蒸し煮にする

ニジマスのムニエル

材料（2人分）

ニジマス……2尾（90g×２）
塩……1g
オリーブオイル……大さじ2（30g）
バター……大さじ1（15g）
〈付け合せ野菜〉
新じゃがいも……1個（90g）
アスパラ……4本（20g×4）
レモン……1/4個
〈サラダ〉
二十日大根・酢（バルサミコ・レモンなど）……少々

作り方

1 魚に塩をして小麦粉をしっかりまぶしておく。
2 フライパンにオリーブオイル・バターを入れて火をつけ、バターが溶けて煮立ってきたら魚を入れる。フライパンの空いているところにじゃがいもを入れ、蒸気が逃げるよう1/5ほどずらして蓋をして蒸し焼きにする（弱めの中火）。途中少しゆすって油をまわしておく。
3 8分焼いて色付いていたら、魚とじゃがいもをひっくり返す。アスパラを入れ蓋を半分くらいして、さらに6分焼く（途中アスパラをひっくり返す）。
4 魚の裏側が焼け、じゃがいもに火が通っていれば出来上がり。
5 皿にじゃがいも・魚・アスパラを盛り付けサラダを添える。

ワンポイント

上田市

カレイ・サケなどでも美味しいです。ニジマスは醤油少々とレモンを絞って。バターで焼いた魚には脂分もこくもあるので付け合せのサラダにはお好みの酢などと塩こしょう・えごま油・オリーブオイルなどを少々かけるのがオススメです。

きのこのだしと薬味をかけて

そばがき

材料（2人分）

カツオと根昆布のだしパック……1パック
水……500cc
みりん……50cc
A ┌ カットえのき……1/2パック（90g）
A └ はたけしめじ（またはしめじ）……1/2パック（100g）
醤油……小さじ2〜3
そば粉……100g
水……400cc
大根おろし・刻みねぎ・納豆・のりなど（薬味）

作り方

1 みりんを鍋に入れて沸かし、アルコール分を蒸発させて2/3くらいの量にする。
2 **1**にだしパック・水を加えて沸かし、弱火で5分煮る。
3 **2**にAを加えて2〜3分煮て火を止め、醤油を加えてきのこのだし汁にする。
4 耐熱ボウルにそば粉・水200ccを加え泡だて器でダマがなくなるまでよく混ぜる。さらに水200ccを加えてよく混ぜてラップをする。
5 500Wで4分加熱し木べらでよく混ぜ、さらに500Wで3分加熱しよく混ぜる。きのこのだしと薬味をのせていただく。

ワンポイント

上田市

やわらかいそばがきです。カツオと根昆布のだしパックを使うことで手軽に味と香りの良い上等なだしがひけます。

色々な野菜にひき肉を詰めて

野菜のファルシ

材料（4人分）

トマト……小さめ2個
しいたけ……大きめ2枚
ズッキーニ……1/2本
パプリカ……1/2個
なす……小さめ1本
玉ねぎ……小さめ２個
豚ひき肉……290g
A［塩……小さじ1/2
　オリーブオイル……大さじ1］
B［塩……小さじ1/4
　こしょう……少々］
C 塩……0.4g
片栗粉……20g
卵……1個
野菜をくりぬいた中身
パセリ……大さじ2
オリーブオイル……大さじ2
にんにく……1かけ

作り方

1. 詰め物をする野菜を並べ、なるべく大きさが同じくらいになるようにしてそろえ、中身をスプーンか包丁の先でくりぬいて穴をあける。
2. 玉ねぎは外何枚か外してトマトぐらいの大きさにする。上下を落として外から外2〜3枚分縦に切れ目を入れて玉ねぎの芯を取り出し、小さな腕輪のようにする。
3. 玉ねぎの端と芯は粗みじんにして200gくらいにする。容器に入れAを加えてよく混ぜ、ラップをして500Wに5分かけてしばらくおく。
4. くり抜いた野菜の中身を粗みじんに切っておく。トマトの汁も捨てずに混ぜる。
5. ひき肉をボウルに入れ、Bをかけてよく混ぜる。**2**・**3**・卵を加えてさらによく混ぜ、片栗粉・パセリのみじん切りを加えよく混ぜる。
6. 詰め物をする野菜を耐熱皿に並べ、上からCをふりかけ、具を詰める。具を使い切るようにたっぷり詰める。
7. にんにくをすりおろしてオリーブオイルで溶き、**5**の野菜の上からかける。200℃に予熱したオーブンで25分くらい肉に火が通るまで焼く。

上田市
ワンポイント
詰め物は少しゆるめの生地ですが、焼いた時にかたくなり過ぎず周りの野菜となじみが良いです。

素朴な味わい

甘酒寒天

材料（5人分）

甘酒（粒タイプ）……500g
粉寒天……1.5g（甘酒1kgに対して寒天3gの割合）
すりくるみ……適量（60ccの寒天に対して1.2gほど）

作り方

1. 甘酒を鍋で沸かす。
2. 粉寒天を50cc程度の水に混ぜ、**1**に加え一度沸騰させる。
3. 器に流し、常温に冷めたら冷蔵庫に入れよく冷やす。
4. 食べる時にすりくるみを上から振りかける。

上田市
ワンポイント
米麹甘酒にはアルコールが含まれず、疲労回復に効果のるビタミンB群や食物繊維も含まれます。糖分が多いので飲み過ぎには注意しましょう。

水溶性の食物繊維たっぷり

もち麦の雑炊

材料（2人分）

A もち麦……100g
　 水……800cc
なめ茸・舞茸・しめじなどのきのこ……80g
小松菜・ほうれん草・白菜・にらなど……80g
鶏のささみ……100g
卵……2個
顆粒だし……4g（またはコンソメ小さじ1）
ぽん酢……大さじ1

作り方

1 Aのもち麦を軽く洗い鍋に入れ、水を加え火にかける。沸いたらアクをすくい弱火にして15〜20分、やわらかくなるまでゆでる。
2 鍋に顆粒だしまたはコンソメ・一口大に切ったきのこを加えて沸かす。
3 汁が沸いたら一口大に切った鶏のささみ、洗って3cmぐらいに切ったほうれん草などを加え、もう一度沸かす。
4 **3**に溶き卵を加え火を消し、蓋をして3分蒸らして出来上がり。
5 好みでぽん酢をかけていただく。

焼肉のつけ合わせにおすすめ

もち麦のガレット

材料（2人分）

もち麦……150g
水……300g
（4〜6枚分）

作り方

1 もち麦を軽く洗ってざるに上げ、水をきる。炊飯器の釜に入れ、水を加え炊き込みご飯モードで炊飯する。
2 炊き上がったら5〜6等分しラップでくるんで円盤状のおにぎりにする。
3 ラップをはずし鉄板で片面焼く。（両面焼くとくずれる）

上田市 ワンポイント
もち麦は主食としてだけでなく、サラダやスープに加えても美味しくいただけます。ガレットではさんでライスバーガーにしても美味しいです。

香ばしいすりくるみの香り

うどとせりのくるみ和え

材料（6人分）

A むきくるみ……100g
　 砂糖……30g
　 味噌……50g
　 酢……小さじ1
山うど……1本（250g）
せり……1束（100g）

作り方

1 Aのくるみ・砂糖をすり鉢に入れ、粒々がなくなるまでよくする。味噌・酢を加えてよく混ぜる。
2 うどは4cmぐらい、鉛筆の太さの拍子切りにして2分弱ゆで水に落として冷まし、ざるに上げて水をきる。
3 せりをさっとゆでて水に落として冷まし、よく絞ってから3cmぐらいに切る。
4 **2・3**を**1**のすり鉢に入れよく混ぜ、器に盛り付ける。

上田市 ワンポイント
野菜はほうれん草、かき菜、ゆでたかぶなどなんでも良いです。

香り良いお菓子

プルーン、干し柿とくるみの小菓子

材料（1人分）

A［むきくるみ……100g
　 砂糖……30g
プルーン……18g
干し柿……18g

作り方

1 Aをすり鉢に入れて、粒々がなくなり油がにじんでくるまでよくすり混ぜる。ラップでくるんで手で押してつぶし、団子状のかたまりにする。
2 プルーンに包丁で筋を入れて種を取り出し、1のくるみあんを花豆ぐらいの大きさに丸めて種のあったところへ詰める。
3 干し柿のへたを取り、包丁で縦に筋を入れて実を広げ、種を取る。くるみあんを詰めて元の形に戻す。

上田市

ワンポイント
国産くるみ生産量は長野県が全国第1位です。くるみは脂質が多いですが、そのほとんどが不飽和脂肪酸で、コレステロール低下や動脈硬化予防に効果があるとされています。

包む具はお好みで

そば粉のクレープ

材料（12 枚分）

牛乳……500cc
卵……3個
小麦粉……100g
そば粉……150g
塩……ひとつまみ
バター……50g（溶かしバター）

作り方

1 卵を溶きほぐし牛乳・塩を加える。
2 粉類をふるいながら1/3量ずつ1のボウルに入れ、泡立て器で混ぜる。
3 溶かしバターを加えて混ぜる。生地を30分ほど休ませてから使う。
4 フライパンを熱し、サラダ油をつけた紙で表面を拭く。中火で60ccぐらい流し、フライパンを傾けて回しながら生地を薄く広げる。端がめくれてきたらひっくり返す。返したらすぐ皿にとる。

【具①春キャベツとサバ水煮缶】
キャベツ……200g（一口大にちぎる）・さば水煮缶……1缶
赤味噌……8g（大さじ1の湯で溶く）
サラダ油……小さじ1（炒め用）
・キャベツをサラダ油で炒めしんなりしてきたらサバ水煮缶、赤味噌を加え炒め合わせる。

【具②豚肉ともやしの炒め物】
豚こま……160g・もやし……1パック
ガラスープ顆粒……小さじ2・サラダ油……小さじ1
・肉をサラダ油で炒め、ガラスープ小さじ1を加える。袋ごと電子レンジで2分加熱したもやしとガラスープ小さじ1を加え軽く炒め合わせる。

【具③プティボワフランセーズと卵】
グリンピース……100g・新玉ねぎ……80g・ベーコン……20g・バター……10g・塩……少々・卵……2個
・玉ねぎ・ベーコンをバターで炒め、しんなりしてきたら塩ゆでしたグリンピースを加える。スクランブルエッグを作り軽く混ぜる。

【具①鶏ささみのクリームシチュー】
鶏ささみ……250g・ガラスープ顆粒……小さじ2
水……250g・新玉ねぎ……120g・しめじ……80g
シチュールウ……1/4箱
・ささみに火を通し身をほぐす。ささみをゆでたスープに新玉ねぎ・しめじを入れ、沸いたらルウ・ささみを加える。

上田市

ワンポイント
小麦粉だけのクレープより食べやすく胃もたれしません。好みの具材を巻いて、クレープを焼きながらパーティにも。

見て楽しむ食べて楽しむ

すいかパンチ

材料（小玉すいか１個分 6〜8 人分）

湯……400cc
ハイビスカスティー……ティーバッグ4個
A 砂糖……50g
　植物性ゼリーの素……10g
湯……550cc
B 砂糖……70g
　植物性ゼリーの素……10g
レモンの表皮（黄色のところを薄くむく）……10cmくらい
レモン汁……大さじ2

作り方

1 鍋に湯400ccを沸かし、ハイビスカスティーのティーバッグを入れ、もう一度沸かして火を消し5分おいて濃いめに抽出する。
2 ティーバッグを取り出しもう一度沸かして火を消し、混ぜておいたAを混ぜ入れる。器に移して冷ましハイビスカスゼリーを作る。
3 鍋に湯550ccを沸かし、Bを入れもう一度沸かす。
4 火を消してレモンの表皮と汁を入れ、器に移して冷まし、レモンゼリーを作る。
5 すいかの上1/3を小さいナイフでジグザグに切って蓋にする。
6 中身をスプーンで取り出し一口大に切り、ゼリーと身を戻す。

ワンポイント

上田市

入りきらない分のゼリーは器に盛ります。切ったすいかを買ってきてゼリーと一緒に器に盛っても。大きなすいかでも挑戦してみてください。ゼリーは倍量必要になります。

レストランの一品

焼きりんご

材料（4人分）

りんご……2個（300g）
バター……8g×4個
砂糖……大さじ山1杯（7g）×4杯
A 粉末黒糖……30g
　パン粉……30g
　レモン表皮のすりおろし……1/2個分
　シナモンパウダー……小さじ1/4弱
くるみ……4かけ
レーズン……16粒
白ワイン……大さじ4（60g）または水大さじ3とレモン汁1/2個
砂糖……大さじ4（32g）
生クリーム……大さじ2 1/2
バニラアイス……4人分

作り方

1 りんごを横半分に切り、芯をくりぬいてクッキングペーパーをひいた天板に並べる。天板が大きい場合はクッキングペーパーの四隅をつまんでひねり、焼き汁が外へ流れていかないようにする。
2 Aの材料をよく混ぜておく。
3 りんごの切り口に砂糖を小さじ山1杯ずつまぶす。
4 芯をくりぬいた穴に**2**を大さじ1ずつ詰め、その上にくるみとレーズンをのせ、残りの**2**も全て山盛りにしてのせ、一番上にバターを8gずつのせる。
5 白ワインをりんごの乗っているクッキングペーパーの上に注ぐ。
6 約180℃に予熱したオーブンで1時間ほど焼く。竹串がすっと刺されば完成。
7 小さい鍋に砂糖・水大さじ2を入れ、火にかけキャラメルにする。色づき始めたら火を弱くし生クリームを入れて沸かし、キャラメルソースにする。
8 りんごを皿に盛り、焼き汁をかける。アイスクリームを添え、キャラメルソースをかけて出来上がり。

ワンポイント

上田市

表面が焦げそうだったらアルミホイルをかぶせます。焼き汁がなくなりそうな時は水大さじ1を足しましょう。脂肪分の高い生クリームはキャラメルに入れても跳ねませんが、牛乳などを入れると跳ねるので注意しましょう。

みずみずしくてさっぱり

ピンクグレープフルーツゼリー

材料（6〜7 個分）

ピンクグレープフルーツ……1 個
砂糖……50g
A ┌ グレープフルーツジュース……300cc
　│ 砂糖……50g
　└ 水……50cc
粉寒天スティック……1/3 本分（1 本 4g の 1/3）

作り方

1 ピンクグレープフルーツを、夏みかんをむくようにして皮をむき身を大きめにほぐす。出てくる汁は身と一緒にしてボウルに入れてとっておく。（身と汁で約350g）
2 **1**に砂糖を加えて軽く混ぜる。
3 粉寒天を小さい器に入れ、Aの水大さじ2ほどでふやかす。
4 Aを鍋に入れ沸かし、**3**の粉寒天を加えもう一度沸かして火を消す。
5 **2**を器6〜7個に分ける。
6 **4**の寒天液を**5**の器に流し、粗熱がとれたら冷蔵庫で冷やしかためる。

のどごしすっきり

水ようかん

材料（15 個分）

水……1 ℓ 分
粉寒天……1 本（4g）
粒あん……600g

作り方

1 粉寒天を50ccくらいの水でふやかす。
2 水を沸かし、**1**の粉寒天を加えてもう一度沸かす。
3 粒あんを加えてかき混ぜ、器に流し粗熱がとれたら冷蔵庫で冷ます。

ワンポイント

上田市

寒天は途中で混ぜるときれいにかたまらなくなるので器に流したらかき混ぜないようにしましょう。
写真はほうじ茶寒天と抹茶寒天の2段になっています。黒蜜をかけると美味しいです。

皮まで美味しく

りんごのムース

材料（150cc 容器 6 個分）

りんご……2個（500g）
砂糖……60g
りんご酢（信州ふじりんごの酢）……60cc
ゼラチン……5g
水……50cc
生クリーム（乳脂肪47％）……180cc
全粒粉のビスケット……6枚
りんごチップス……6枚（好みで）

作り方

1 りんごを洗って1/4に切り、芯とへたをとる。一口大に切って耐熱ボウルに入れ、砂糖・酢と和え、ラップをして500Wで10分電子レンジにかける。（出力の強いレンジがあれば強でりんごが熱くなってぶくぶくしてくるまで）
2 **1**と水50ccでふやかしたゼラチンをミキサーに入れ、ピュレにする。中身をボウルに移し、氷水または保冷剤にあててゴムベラ等でかき混ぜながら室温程度に冷ます。
3 生クリームを角が立つまで泡立てる。（脂が分離しないようボウルを氷水または保冷剤に当てて泡立てる）
4 **2**に**3**を加えて均一になるまで混ぜ、ビスケットを下に敷きつめた器に入れ、冷蔵庫で冷やす。
5 好みでりんごチップを飾る。

ワンポイント

上田市

工程**2**ではミキサーのガラスボウルをお湯で温めておくと割れ防止になります。たくさんできたら冷凍保存できます。りんごチップですくって食べるとさらに美味しいです。

約80の酒蔵が醸す多彩な地酒を愉しむ

へうへうとして水を味わふ‥酒仙、山頭火の句。山の国信州は水の国でもある。飛騨・木曽・赤石の３山脈はアルプスと呼ばれる。3000m 級の山岳地帯「日本の屋根」に積もった雪は豊かな森に涵養され大地に濾過されて大地に現れる。豊かな自然の贈り物、かけがえのない故郷の宝物だ。酒仙の山頭火が味わった「水」とは‥。旅先で出会う酒と郷土の味、信州の旅の愉しみである。

長野エリア

1 若緑
㈱ 今井酒造店
元禄4年(1691)
長野市小島62
☎026-243-3745

2 信濃光
㈱ 西飯田酒造店
江戸末期
長野市篠ノ井小松原1726
☎026-292-2047

3 桂正宗
㈱ 酒千蔵野
天文9年(1540)
長野市川中島町今井368
☎026-284-4062

4 本老の松
㈱ 東飯田酒造店
慶応元年(1865)
長野市篠ノ井小松原1724
☎026-292-2014

5 松尾
㈱ 高橋助作酒造店
明治8年(1875)
信濃町古間856-1
☎026-255-2007

6 オバステ正宗
長野銘醸 ㈱
元禄2年(1689)
千曲市八幡275
☎026-272-2138

7 十九
㈱ 尾澤酒造場
江戸文政年間(1820年頃)
長野市信州新町新町168-1
☎026-262-2209

8 スクウェア・ワン
㈱ 桝一市村酒造場
宝暦5年(1755)
小布施町小布施807
☎026-247-2011

9 北信流
㈱ 松葉屋本店
江戸時代
小布施町大字小布施778
☎026-247-2019

10 米川
高沢酒造 ㈱
明治35年(1902)
小布施町飯田776
☎026-247-2114

11 雲山
㈱ よしのや
寛永年間
長野市大字長野西之門町941
☎026-237-5000

12 渓流
㈱ 遠藤酒造場
元治元年(1864)
須坂市須坂29
☎026-245-0117

13 天法
天法酒造 ㈱
平成8年(1996)
千曲市千本柳659
☎026-276-0001

14 寶ヶ池
坂井銘醸 ㈱
慶長元年(1596)
千曲市戸倉1855-1
☎026-275-0033

上田エリア

1 亀齢
岡崎酒造 ㈱
寛文5年(1665)
上田市中央4丁目7番33号
☎0268-22-0149

2 和田龍
和田龍酒造 ㈱
明治20年(1887)
上田市中央西1丁目14番地14号
☎0268-22-0461

3 真田六文銭
山三酒造 ㈱
慶応3年(1867)
上田市御嶽堂687-1
☎0268-42-2260

4 喜久盛
信州銘醸 ㈱
昭和33年(1958)
上田市長瀬2999-1
☎0268-35-0046

5 福無量
沓掛酒造 ㈱
元禄年間
上田市下塩尻35
☎0268-22-1903

6 月吉野
若林醸造 ㈱
明治29年(1896)
上田市中野406
☎0268-38-2526

中野エリア

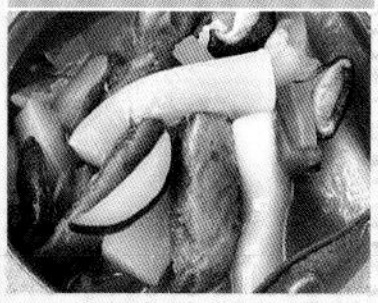

1 勢正宗
㈱ 丸世酒造店
明治3年(1870)
中野市中央二丁目5番12号
☎0269-22-2011

2 岩清水
㈱ 井賀屋酒造場
嘉永6年(1853)
中野市大字中野1597番地
☎0269-22-3064

3 雲山
㈱ 山形屋
明治2年(1869)
中野市吉田280-2
☎0269-23-3456

4 志賀泉
志賀泉酒造 ㈱
昭和35年(1960)
中野市東山3番1号
☎0269-22-3322

5 天領誉
天領誉酒造 ㈱
明治13年(1880)
中野市岩船190
☎0269-22-2503

6 水尾
㈱ 田中屋酒造店
明治6年(1873)
飯山市大字飯山2227番地
☎0269-62-2057

7 北光正宗
㈱ 角口酒造店
明治2年(1869)
飯山市大字常郷1147番地
☎0269-65-2006

8 縁喜
㈱ 玉村本店
文化2年(1805)
山ノ内町大字平穏1163番地
☎0269-33-2155

佐久エリア

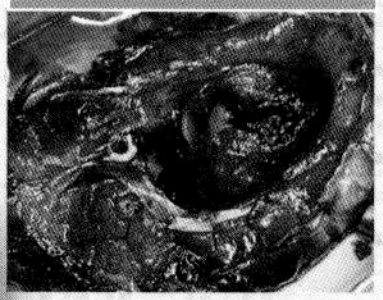

1 浅間嶽
大塚酒造 ㈱
天保12年(1841)
小諸市大手2-1-24
☎0267-22-0002

2 千曲錦
千曲錦酒造 ㈱
天和元年(1681)
佐久市長土呂1110
☎0267-67-3731

3 寒竹
戸塚酒造 ㈱
承応2年(1653)
佐久市岩村田752
☎0267-67-2105

4 深山桜
㈱ 古屋酒造店
明治24年(1891)
佐久市塚原411
☎0267-67-2153

5 御園竹
武重本家酒造 ㈱
明治元年(1868)
佐久市茂田井2179
☎0267-53-3025

6 信濃のかたりべ
大澤酒造 ㈱
元禄2年(1689)
佐久市茂田井2206
☎0267-53-3100

7 亀の海
㈱ 土屋酒造店
明治33年(1900)
佐久市中込1914-2
☎0267-62-0113

8 金宝芙蓉
芙蓉酒造 ㈱
明治20年(1887)
佐久市平賀5371-1
☎0267-62-0340

9 澤乃花
伴野酒造 ㈱
明治34年(1901)
佐久市野沢123
☎0267-62-0021

10 初鶯
木内醸造 ㈱
安政2年(1855)
佐久市大沢985
☎0267-62-0005

11 菊秀
橘倉酒造 ㈱
元禄初期
佐久市臼田653-2
☎0267-82-2006

12 佐久の花
佐久の花酒造 ㈱
明治25年(1892)
佐久市下越620
☎0267-82-2107

13 井筒長
黒澤酒造 ㈱
安政5年(1858)
佐久穂町穂積1400
☎0267-88-2002

北安曇エリア

1 金蘭黒部
(株) 市野屋
慶応元年(1865)
大町市大町2527-イ
☎0261-22-0010

2 いいずら
北安醸造 (株)
大正12年(1923)
大町市大町2340-1
☎0261-22-0214

3 大雪渓
大雪渓酒造 (株)
明治31年(1898)
池田町会染9642-2
☎0261-62-3125

4 北アルプス
福源酒造 (株)
宝暦8年(1758)
池田町池田2100
☎0261-62-2210

5 白馬錦
(株) 薄井商店
明治39年(1906)
大町市大町2512-1
☎0261-22-0007

松本エリア

1 深志鶴
(名) 奥澤商会
明治21年(1888)
松本市中央2丁目1-20
☎0263-32-0517

2 岩波
岩波酒造 (資)
明治5年(1872)
松本市里山辺5159
☎0263-25-1300

3 アルプス正宗
(株) 亀田屋酒造店
明治2年(1869)
松本市島立2748
☎0263-47-1320

4 笹の誉
笹井酒造 (株)
大正15年(1926)
松本市島内3682
☎0263-47-0762

5 大信州
大信州酒造 (株)
明治13年(1880)
松本市島立2380
☎0263-47-0895

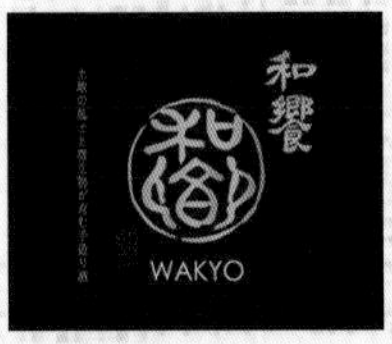

6 和響
和響酒造 (株)
明治16年(1883)
塩尻市塩尻町140
☎0263-52-0302

7 善哉
善哉酒造 (株)
江戸末期
松本市大手5丁目4-24
☎0263-32-0734

8 高波
(資) 丸永酒造場
明治4年(1871)
塩尻市広丘高出840
☎0263-52-2633

9 笑亀
和響酒造 (株)
明治16年(1883)
塩尻市塩尻町140
☎0263-52-0302

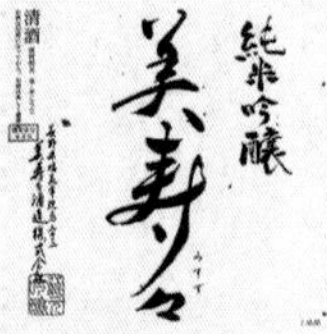

10 美寿々
美寿々酒造 (株)
明治26年(1893)
塩尻市洗馬2402
☎0263-52-0013

11 山清
(株) 山清酒造
江戸初期(1653)
筑北村坂北1720
☎0263-66-2011

12 酔園幻の酒
ＥＨ酒造 (株)
平成14年(2002)
安曇野市豊科高家1090-1
☎0263-72-3011

木曽エリア

1 木曽路
(株) 湯川酒造店
慶安3年(1650)
木祖村薮原1003-1
☎0264-36-2030

2 七笑
七笑酒造 (株)
明治25年(1892)
木曽町福島5135
☎0264-22-2073

3 中乗さん
(株) 中善酒造店
慶応元年(1865)
木曽町福島5990
☎0264-22-2112

4 木曽のかけはし
西尾酒造 (株)
江戸時代初期(1603)
大桑村須原893
☎0264-55-3002

諏訪エリア

1 麗人
麗人酒造（株）
寛政元年(1789)
諏訪市諏訪2-9-21
☎0266-52-3121

2 本金
酒ぬのや本金酒造（株）
宝暦6年(1756)
諏訪市諏訪2-8-21
☎0266-58-0161

3 横笛
伊東酒造（株）
昭和33年(1958)
諏訪市諏訪2-3-6
☎0266-52-0108

4 真澄
宮坂醸造（株）
承応元年(1662)
諏訪市元町1-16
☎0266-52-6161

5 高天
高天酒造（株）
明治4年(1871)
岡谷市銀座2丁目2-17
☎0266-22-2027

6 神渡
（株）豊島屋
慶應3(1867)
岡谷市本町3丁目9-1
☎0266-23-1123

7 御湖鶴
磐栄運送（株）
諏訪御湖鶴酒造場
大正元年(1912)
下諏訪町3205-17
☎0266-75-1172

8 ダイヤ菊
戸田酒造（株）
享保2年(1717)
茅野市ちの2998
☎0266-72-2118

9 舞姫
（株）舞姫
明治27年(1894)
諏訪市諏訪2-9-25
☎0266-52-0078

伊那エリア

1 夜明け前
（株）小野酒造店
元治元年(1864)
辰野町小野992-1
☎0266-46-2505

2 岸の松
（株）山岸酒店
文政13年(1830)
箕輪町中箕輪9549
☎0265-79-2034

3 井の頭
春日酒造（株）
大正4年(1915)
伊那市西町4875-1
☎0265-78-2223

4 信濃錦
（資）宮島酒店
明治44年(1911)
伊那市荒井3629-1
☎0265-78-3008

5 仙醸
（株）仙醸
慶応2年(1866)
伊那市高遠町上山田2432
☎0265-94-2250

飯田エリア

1 喜久水
喜久水酒造（株）
昭和19年(1944)
飯田市鼎切石4293
☎0265-22-2300

6 信濃鶴
酒造（株）長生社
明治16年(1883)
駒ヶ根市赤須東10番31号
☎0265-83-4136

7 今錦
米澤酒造（株）
明治40年(1907)
中川村大草4182-1
☎0265-88-3012

8 大國
大國酒造（株）
明治30年(1897)
伊那市西春近2161-1
☎0265-72-2040

日だまりよもやま話

中野市永江のりんご畑で…その4

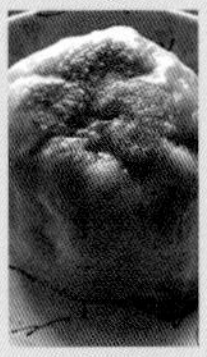

五百子　子供だったってね。そして、夜になるとね、眠くなるから勉強もしねえ。アケビは割れてんのがちょうど熟してるから。だから私そんなんで一度きり失敗して。アケビいーっぺなってたんだ。上ばっか見て、そいたら足がね、切り株の中にスズメバチが巣かけた。そこへ足突っ込んじゃった。そしたら蜂ういーって来てさ。いやー車に乗るったってね。乗るの隙みて開けらんない。ほいでこやったけんど、ちっと刺されてさ。アンモニアがいいなんて昔聞いてたからさ、自分でおしっこもってやったらダメだね。ああいうのはいけねぇや。そうでもね、やっとこ車の中入って、うち来て。おいおい、蜂に刺されたっつったら。どうせって、うちにある虫刺されのね、薬塗ってさ。ほんで私、割と負けないからね。また仕事。それで畑行って蜂見してたんだ。

今、蜂に刺されてきたけわよ。あーれよく蜂に刺されたのに、そんな仕事できんなって。えー、薬持ってきて痛くなればまたつけてるんだっつったら。割と私蜂に負けねんだな。

愛子　今なら死ぬよ。地蜂は食べる。

五百子　ほんでね、この梨久保ってとこは、吉沢もそうかや。あの土目がね、固くて、蜂が巣かけるに具合いいらしんだ。あのねば土ってんだらさ。

愛子　土の中に作っとった。出たり入ったり‥

五百子　だからね、地蜂なんて秋になればほとんど食べたね。

愛子　今は見たくもねえで。

昔は自分のはばにあったから覚えてれば草刈ったの。ここから出入りしてると思えばこのつ入ればな。

五百子　今きっと梨久保だって草だらけだからだけど、昔みんなきれいにほら田はばでさ。地蜂だって喜んでかけてくれたんだと。

愛子　私嫁に来た頃だって、こんなはばでもさ、あったよ。あの上の山ほどな、でかいこういうのがいくつも重なってのはなかったけんね。今、1匹も見えない。

五百子　稲刈りの後だな。

愛子　イナゴなんておめぇ、自分で捕まえて。そのイナゴも今いない。ここら辺は昔っからあまりいねけんど。飯山の方行けばな。

香里　冬は根菜類を雪の下にやっといたのを掘り出して使わなきゃ行けない。

愛子　大根煮物な。だいたいかぼちゃを煮たりな。きのこは山の木の上なんかいっぱい採れる。ほらあの塩漬けにしてもな。冬な、ちょっと塩出ししると美味しいよ。今はそれほどきのこ採りに行かなくて。おっかなくて熊が出るから。

五百子　おれだってちったぁ知ってるんだよ場所。でもへいる気しねえ。こんなもんですって、この間ずっと高かったけん買ってきて。

愛子　今年の天気は雨降らねかったから、大根も真っ黒よ。食われるようになるやろ、どうだろ。

五百子　ほとんど自給自足が主だったけん。それも時々やったり。買ってく

るもんは店行けばえっぱいあるしね。いい世の中だね。ほんだからね。でもやっぱり昔のね、あれが食べたくなるわ。春の蕗はね、煮ればいっぱい食べられるからさ。キャラブキにすんだ。
わらびは7月頃まであるなあ。ふきったまでも、そうだね。やっぱり1番に出たやつてうまいな、早くいっぱい出ないかな、なんて思ってで今度出てくればね、あんまりうまくね。

愛子　それでもご飯のおかずんなる。

香里　ウドのお母さんの煮るの美味しい。山ウドは葉っぱは天ぷらにして

五百子　煮て食べたのほがいっぺえ食べるしさ、ごま和えもたまにはいいけんね。煮て食べたのかもさもさ。またね、とってこればいっぱいだから。

愛子　皮はむかねとだめだな。おいしかね。山菜の木を屋敷持って来て植えた。山行かなくてええ。山ウドの他に寒ウド。秋の頃に芽ぇ出てな。

五百子　そうすると早々食べられるんだ。

愛子　山登んのあぶねえしな、んだからみんな近所に根っこをくれたよ。山ウドより煮た時美味しいよ。アク弱いからね。行者ニンニク山から持って来て屋敷植えたんだけど、屋敷にあればなどうしても食われるしな。

香里　いや、でもね、結局山の環境じゃなきゃよく育たない。あまり日当たってるとだめで。味噌、醤油でもいい。醤油漬けにする人もいるし。天ぷらにするとね、衣が剥がれちゃう。水仙とちょっと間違えちゃいけないっていうね。

愛子　韮だってな水仙と似てる。わかるけんど。

香里　子供の時、桑の実が美味しかった。

愛子　桑の木があって、こんなでかいかず見たもんな山のさくらんぼさ、こんな小さいの、、あれでもうまかったんだよね。山ひ（入）れば山桜の実がなっててさ。

香里　種、大きくてしょうがない種。でも甘くてね。

愛子　ズミもな、よそのうちにあったけど。山は食べ物だらけ。

香里　だからクマと共存しなきゃいけない、里山って。

愛子　昔は山下なんて、このうちと1つは奥にあって、私は小学校行く頃、大勢だと5人組んでな。役所までな、道つけてくんじゃないの。そのあと、親たちみんな、27軒しかねえの。1回に5人使えば、おめぇすぐに回ってくるわさ。道をカンジキでな踏んでいかな。男衆はみんな軒酒屋行ってるじゃねえかい。だから母ちゃん5人の仲間へいっちゃってたねあ、お役所まで踏んでくる。その後を子供はみんな続いてな。カビ？落とすように降ってんだもん。

香里　見守り隊だ。

愛子　小学校の時さ、マントっての着るんだよな、オーバーがなくて。ここからちょっと手出る赤いマント着て学校来るんだけ。その時やの、青豆いっぱい採ったからさ、それをこんなでかいほうろくで煎って。、そしてそれをマントの後ろにポッケつけといて。母ちゃんのやったやら知らねえけど、そごへ煎った豆ただ入れる。そーっと学校で脱いでマントを引っかける釘っていうのがあるんだよな。そこへそーっとやっとくんやけん。帰りにまたそれ、そーっと、豆ポッケかけたまんま。学校から出れば必死に帰る。

香里　愛子さんも嫁に来た時は囲炉裏だったの？

愛子　竈（かまど）。水は外の井戸からお風呂へ18回。バケツで･･。嫁さんやらんじゃない。嫁に来たんだ。ばあちゃんと2人でそんなげいしなんだ。上がりはなまでな、ばあちゃん外から汲んでくる。それを今度うちの中お勝手通ってお風呂場へ18バケツ。いや～。屋根の雪はな、下ろさんじゃなねぇし。屋根だって1回降りゃ1回、2回上がったけんひな。3月んなればそんなんやから。

香里　いちばん大変なのやっぱ12月、1月、2月だね。

epilogue ● ながのおかず旅

りんご畑の大樹の下で‥

大きく枝を広げたりんごの大樹。太い枝を支柱に支えられて立っている。枝を地面と平行に伸ばすのは収穫作業のため。長野県でりんご栽培が始まるのは明治7（1874）年。千曲市に県内最古の老樹がある。明治12年に輸入された苗をミツバカイドウ（ズミ）の台木に接ぎ木したもの。市の天然記念物だ。果樹の寿命は30〜50年、若木と交代する。この果樹園も世代交代したばかり。若い力が大樹の世話をする。自給菜園、小農ぐらし・・食材を自分の手で作る喜びである。

取材先でたくさんの方々にお世話になりまし
素敵な笑顔を見るたびに出会いの情景や会話が思
浮かびます。かけがえのない豊かな風土に育まれ
け継がれてきた生活文化を今に生かし続ける心や
しい人びとはみんな家族。そこには懐かしいふる
の暮らしがありました。

旅の出会い…みんな家族です。

下栗ほど美しい
平和な山村を
私は外に知らない

北信地域

中野市

Nakano City

◉人口 約41,000人　◉標高 約370m

市の木◉りんご　市の花◉しゃくやく・バラ

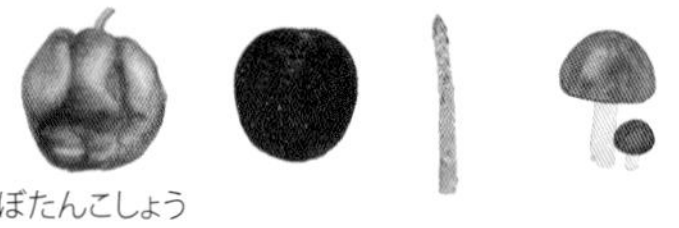

ぼたんこしょう

「山はあおき‥水は清き故郷」

風土●県北東部に位置し、斑尾山・高社山など象徴的な山々を背景として、千曲川、夜間瀬川などが形成した河岸段丘や扇状地、穏やかな傾斜地に集落が発達している。夏季は30℃以上、冬季はマイナス10℃以下となる内陸性気候。独立してそびえる美しい高社山は「たかやしろ」と呼び親しまれ、古くから信仰の対象にもなっている。裾野を夜間瀬川が「十三崖」を形成して北へ流れ、千曲川に注ぎ、中野扇状地の南には延徳沖低地が続き、さらに西南の善光寺平に連なる。唱歌「故郷」の作詞者高野辰之の出身地。

歳事●上今井諏訪社 太々神楽・小内八幡神社 青獅子・中野えびす講

飯山市

Iiyama City

◉人口 約19,700人　◉標高 約310m

市の木◉ぶな　市の花◉ゆきつばき

常盤牛蒡　坂井芋

「雪国の小京都」と呼んだ藤村

風土●県内で最も低い千曲川沖積地に広がる飯山盆地を中心に、西に関田山脈・東に三国山脈が走る南北に長い地形をもっており、南西部には斑尾高原、北西部には鍋倉山、東部には北竜湖などがある。春から秋にかけては内陸盆地型気候、冬季は日本海からの季節風が関田山脈の影響によって上昇気流を生じるため、日本でも有数の豪雪地帯。古くから山国信州と日本海を結ぶ交通の要衝として栄え、塩、魚などの海産物の集散地、また大和朝廷時代の越後・出羽開拓における重要な駅路だった。

歳事●いいやま灯篭まつり・五束太々神楽・飯山えびす講

山ノ内町（下高井郡）

Yamanouchi Town

◉人口 約11,400人　◉標高 約580m

町の木◉つが　町の花◉りんご

前坂大根

町全域がユネスコエコパーク

風土●県の北東に位置する。町内の志賀高原や湯田中渋温泉郷などは観光地として有名。河岸段丘や扇状地には集落・田のほか、りんご・ぶどう・ももなどの耕作地が斜面に広がっている。河川流域には火山活動の影響により温泉地が広がる。冬は日本海からの湿った空気が高山にぶつかるため降雪が多く、山腹はスキー場として利用されている。高原には、火山活動の痕跡のため、大小70以上の湿原、池が点在し、高山植物や、野生動物が生息する。面積の90％以上が山林原野。町全域が生物圏保存地域である。

歳事●上林温泉千駄焼き・志賀高原大蛇祭り

木島平村（下高井郡）

Kijimadaira Village

◉人口 約4,400人　◉標高 約330m

村の木◉けやき　村の花◉ふくじゅそう

懐かしく美しい日本の原風景

風土●県の北端、千曲川の右岸に位置し、南に高社山、東には上信越国立公園の美しい山々がそびえ立つ。豪雪に由来する清らかな水と、肥沃な大地から農に恵まれている。内陸性気候で寒暖の差が激しく、年平均気温は11℃。長野県内でも有数の豪雪地帯となっている。面積の約8割を森林が占め、奥山から湧き出る清らかな水が、村の中央で馬曲川、樽川の流れとなる。こうした流れにより形成された肥沃な大地は、農村らしい田園風景を醸し出している。

歳事●豊秋津洲神社 例祭・一川谷大元神社 例祭

野沢温泉村（下高井郡）

Nozawaonsen Village

◉人口 約3,300人　◉標高 約510m

村の木◉ぶな　村の花◉野沢菜の花

野沢菜

村名に「温泉」が付く唯一の村

風土●県北部に位置する。鎌倉時代中期の文永9年（1272）に「湯山村」として歴史に現れるのが最初で、江戸時代初期にはすでに24軒もの宿屋があり、明治3～5年には24,863人の湯治客が訪れていたと記録に記されている。明治45年に飯山中学校の生徒であった村出身者が初めてスキーを滑り、大正12年には野沢温泉スキー倶楽部が発足し、スキー場の開発とスキーヤーの誘致、宣伝に努力するなど温泉とスキーを中心としたむらづくりが始まった。村名に「温泉」が付く唯一の村である。

歳事●野沢温泉道祖神祭り・湯澤神社 例祭・野沢温泉神楽 獅子舞

栄村（下水内郡）

Sakae Village

◉人口 約1,500人　◉標高 約290m

村の木◉きり　村の花◉かたくり

ししこしょう

にほんの里100選の米どころ

風土●92.8％を山林原野が占める。北部を千曲川が東西に横断し、志久見川・中津川が南北を縦断して流れ、それらの川の沿岸平坦部に集落を形成している。南部は鳥甲山、苗場山を中心に2,000m級の山々が連なる山岳地帯で、日本海型の気候により全国でも有数の豪雪地。北部の千曲川周辺地域は里山と田畑が広がる農村地域。南部の秋山郷地域は苗場山や鳥甲山など2,000メートル級の山々に挟まれた山峡地域で、自然の宝庫。マタギ文化や平家落人伝説が残る秘境である。

歳事●小赤沢祭

長野地域

長野市

Nagano City

◉人口 約367,000人　◉標高 約360m

市の木◉しなのき　市の花◉りんご

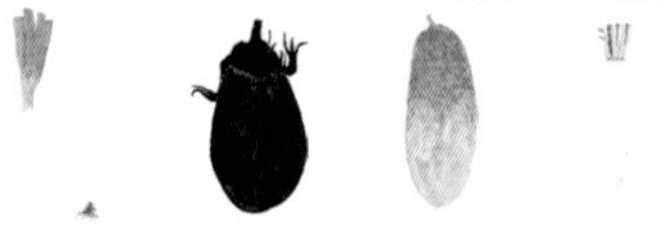

松代一本ねぎ　小森茄子　松代青大胡瓜　戸隠大根

1400年の歴史を持つ善光寺

風土●北信地方にある県内最大の中核都市。県庁所在地である。北国街道の宿場町でもあった善光寺界隈は古い街並みが残る。長野盆地は東部山地と西部山地に挟まれ、善光寺平とも呼ばれてきた。盆地の中には大小の河川が多数流れ込み、千曲川に合流している。西部山地をつくっている地層が比較的新しくて軟質なため、地滑りが多く発生しており、古い地滑りの跡地は、なだらかな地形で土壌も肥沃なため、耕作地や住宅地として利用されている。東部山地は高い山地で、硬い岩盤でできているため、急峻な地形。平地が乏しく耕作地は少なく、その大半が森林となっている。

歳事●芦ノ尻道祖神祭り・善光寺 七草会・篠ノ井祇園祭

須坂市

Suzaka City

◉人口 約50,000人　◉標高 約380m

市の木◉くますぎ　市の花◉れんげつつじ

八町きゅうり　沼目越瓜

製糸・商業で栄えた「蔵の町」

風土●県北部、長野盆地（善光寺平）の東部に位置し、千曲川をはさんで長野市と接する。 江戸時代は須坂藩の陣屋町であった。明治から昭和初期にかけては製糸業で栄え、当時の繁栄を偲ばせる土蔵や大壁造りの商家が残り、蔵の町としても知られる。千曲川東岸に位置し、三国山脈で県境に接する。明治末期から大正期にかけて生糸の町として栄え、数多くの遺産が残っている。大笹街道で関東へ物資が集まる商都。市内に残された土蔵造りの町並みから「蔵の町」としても知られている。町を囲む自然の景観も美しい。

歳事●須坂祇園祭 天王おろし天王あげ・芝宮・墨坂神社 御射山祭り

千曲市

Chikuma City

◉人口 約58,000人　◉標高 約360m

市の木◉あんず　市の花◉あんず・せつぶんそう

ねずみ大根

戸倉上山田は精進落としの湯

風土●北信地域の南東部に位置し、西は冠着山、東は鏡台山をはじめとする山地に囲まれている。中央を千曲川が流れ、両岸には平坦部が広がり、北は善光寺平に接する。古くから善光寺参りの精進落としの湯として栄えてきた開湯120年の戸倉上山田温泉は、信州屈指の温泉街を形成する観光地。千曲川の豊かな水によって育まれた肥沃な大地に恵まれ、花卉栽培、多品目の果樹栽培が盛ん。また、観光とのタイアップなど魅力ある農業を進めている。最高地点は大林山（1333m）、最低地点は雨宮起坂（353m）である。

歳事●大頭祭・稲荷山祇園祭・須須岐水神社 茅の輪まつり

坂城町（埴科郡）

Sakaki Town

◉人口 約14,200人◉標高 約390m

町の木◉えのき　町の花◉バラ・りんご

ねずみ大根

「ものづくりとやすらぎ」の町

風土●多くの山に囲まれた小さな坂城盆地で、中央を南北に千曲川が流れている。最高地点と最低地点の差は940m以上にもなる。高い山々からは、谷川、御堂川、福沢川など、いくつか川が谷をつくって大きな千曲川に流れこみ扇状地をつくっている。本州の内陸高地にあり、太平洋側の東海型気候と日本海側の北陸型気候とのちょうど中間にあって、中央高地型で内陸盆地性の気候。江戸時代は北国街道に坂木宿が置かれ、一時坂木藩が成立した。稲作のほか、果樹栽培（りんご・ぶどう・もも）が盛んである。機械金属を中心にした県内産業の一大拠点でもある。

歳事●自在神社の太々神楽・町民まつり坂城どんどん

小布施町（上高井郡）

Obuse Town

◉人口 約11,000人　◉標高 約350m

町の木◉くり　町の花◉りんご

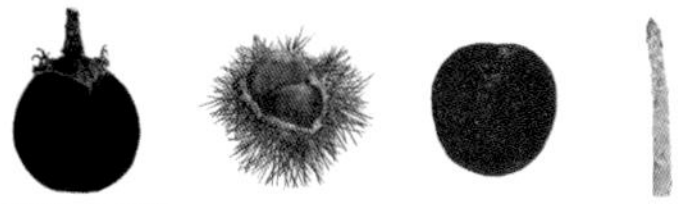

小布施丸なす

小布施栗と北斎と花の観光地

風土●県北東に位置する、県内で最も面積の小さい自治体。千曲川の舟運が発達した江戸時代には、交通と経済の要衝として栄え、定期的な市「六斎市」がたち、人、物、情報が集まる北信濃の文化的中核ゾーンだった。水はけの良い扇状地という地形と特徴ある酸性の土壌、そして北信濃の気候が、全国ブランド「小布施栗」を生んだ。その土壌はりんご、巨峰などの果樹生産にも適している。

歳事● 小布施の安市・おぶせ栗祭り

高山村（上高井郡）

Takayama Village

◉人口 約6,600人　◉標高 約550m

村の木◉いちい　村の花◉しゃくなげ

善光寺平を一望する扇状地

風土●県北東部に位置する。村域の約85％を占める森林・原野の多くが上信越高原国立公園に指定されている。年間を通じて気温の日較差が大きく、夏季では最高気温が30度を超え、冬季では月の平均気温が氷点下となる内陸性の気候。年間降水量が1,000ミリ程度と少なく、日当たりの良い扇状地では特産のりんごやぶどうなど果樹を中心とした農業が展開されている。高山ワインの評判は全国的に高い。山田温泉など村内８か所に温泉が点在している。平成22年「日本で最も美しい村」に加盟した。

歳事●役原獅子舞

長野地域

信濃町（上水内郡）

Shinano Town

◉人口 約7,800人　◉標高 約680m　町の木◉おおやまざくら　町の花◉こすもす

黒姫山と野尻湖の高原盆地

風土●県北端に位置し北に妙高山を背にして、西に黒姫山、南に飯綱山・戸隠山、東に斑尾山と北信五岳に囲まれ、妙高戸隠連山国立公園の一環として風光明媚な高原盆地帯にある。総面積の約72％が森林に覆われ、平地が少ない複雑な地形の町内に一級河川が流れる。標高が高いため、年間平均気温は11度前後と低く、夏は涼しく過ごしやすい反面、冬の積雪は南部北部ともに多い。昼夜の温度差が大きい。ナウマン象の発掘地の野尻湖、ミヒャエル・エンデや松谷みよ子に愛された黒姫高原は多くの人が訪れる。

歳事●柏原区 柏原おけさ・ 古間商店街 古間音頭・宇賀神社 大祭

ぼたこしょう

小冬ささぎ

辛こしょう

飯綱町（上水内郡）

Iizuna Town

◉人口 約10,400人　◉標高 約500m　町の木◉さくら　町の花◉りんご

飯縄山麓に広がるりんご畑

風土●県北部に位置し、西・南は長野市、北は信濃町、東は中野市に隣接する。飯縄山標高1917mから斑尾山までの穏やかな丘陵地で標高500mから900m。すり鉢状の地形底辺部となる町の中心には鳥居川が流れる。日本海の影響を受ける積雪寒冷地で、内陸性気候のため寒暖の差が激しい。りんご・水稲をはじめとする農業が基幹産業。また温泉、スキー場、ゴルフ場など年間を通じて多くの観光客が訪れる。1990年代に観光農園企業を誘致し、農産物やワインやジャムなどの農産加工品の生産を行っている。

歳事●霊仙寺山開山祭・高岡神社 高坂の男獅子

小川村（上水内郡）

Ogawa Village

◉人口 約2,300人　◉標高 約510m

北アルプスとおやきの山里

風土●県北部に位置し、村内各所から雄大な北アルプス連峰を眺めることができる。北側にある虫倉山脈と南側の筏山脈がそれぞれ東西に走り、その間を犀川の支流である土尻川が流れる。川に向かって地形は傾斜して数多い支流が深い谷をつくって土尻川に流れ込んでいる。面積の約7割を森林が占めている。標高500mから1000mに居住している。土地は粘土質で、かつ急斜面が多い。村北部・標高約1000mの大洞高原には60cm反射望遠鏡をもつ小川天文台やプラネタリウム館などの施設がある。

歳事●小川神社祈年祭・武部八幡宮 秋季例大祭

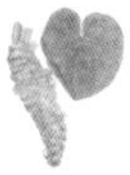

大北地域

大町市

Omachi City

◉人口 約25,800人　◉標高 約720m

市の木◉おおやまざくら　市の花◉かたくり

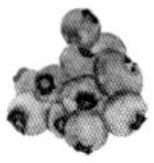

そびえたつ北アルプス一番街

風土●県の北西部、松本平の北に位置する。西部一帯に峻険な北アルプス山岳を連ねている。典型的な内陸性の気候で、仁科三湖やダム湖があり、豊富な温泉にも恵まれて、四季を通じて山岳観光都市としての地勢を備えている。国宝仁科神明宮をはじめ多くの文化財も残しており、古くからこの地域は「仁科の里」と呼ばれている。松本と日本海を結ぶ「塩の道」の中間地点に位置し、江戸時代には日本海側との交流、物流などが盛んに行われていた。街道沿いには、当時の歴史的建物が残されている。

歳事●大町あめ市・国宝仁科神明宮 祈年祭

池田町（北安曇郡）

Ikeda Town

◉人口 約9,300人　◉標高 約610m

町の木◉あかまつ　町の花◉つつじ

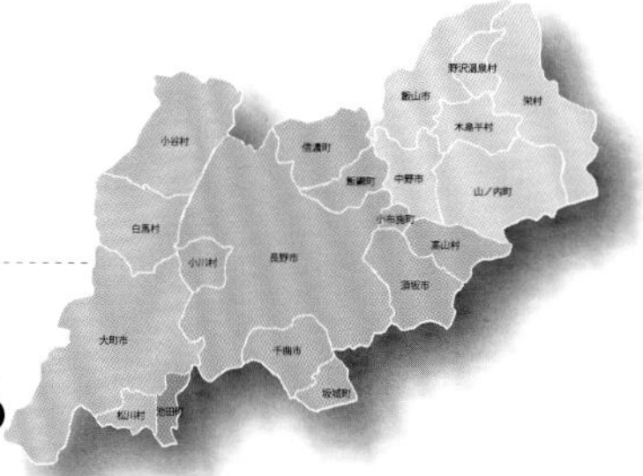

内鎌ゆうがお

信州サーモン

花とハーブ・・安曇野の米どころ

風土●北安曇郡の南部に位置する。町の西部は安曇野の平坦地域で、全人口の大部分が集中しており、西端を高瀬川が流れる。東部は山間地帯で、集落が散在している。内陸性気候で年間を通じて降雨量が少なく、冬は積雪量が少なくて寒冷だが夏は過ごしやすい。明治初期より生糸の生産が行われ、大正初期には岡谷・須坂に次ぐ製糸の町として栄え、戦後の合併後は電気・機械を中心とした工業が発展した。稲作に加え、近年は付加価値の高い「花とハーブ」の生産も盛んに行われるようになった。

歳事●池田八幡神社 例大祭

松川村（北安曇郡）

Matsukawa Village

◉人口 約9,600人　◉標高 約540m

村の木◉あかまつ　村の花◉れんげつつじ

田舎暮らしにちょうど良い村

風土●県北西部、北安曇郡の南端に位置する。北西部の北アルプス連峰の雄大な山々を源流として、高瀬川・乳川・芦間川・中房川が流れる自然豊かな村。米づくりを中心に自給自足の生活だったが、江戸時代後期になると外部との交易が活発になってきた。明治から大正時代には養蚕業が広まり、漬菜やじゃがいも、ねぎなどの商品作物の作付面積が拡大した。西部の山沿いでは果樹園が広がり、庭先での家庭菜園を楽しむ人も多い。心休まる故郷を感じさせてくれる、のどかで田舎暮らしにちょうど良い村である。

歳事●大和田神社大祓祭・大和田神社 元旦祭・鈿女神社 新春祈願祭

大北・上小地域

白馬村（北安曇郡）

Hakuba Village

◉人口 約8,400人　◉標高 約700m

村の木◉おおやまざくら・こぶし　村の花◉かたくり

名峰連なる国際山岳リゾート

風土●県北西部に位置する。中央部を南北にフォッサマグナが走り、白馬連峰から流れ出す河川によって扇状地が形成された。西側白馬連峰一帯は酸性火成岩類で形成、登山・ハイキング・スキー場など観光資源となっている。 東側山地はやわらかな砂岩・凝灰岩などで造林地帯となっている。冬期には日本海からの寒気が山岳地に当たり大量の降雪をもたらす。白馬山荘や八方民宿街など山小屋・民宿は白馬村が発祥という。1998年長野冬季オリンピックで世界中に名前が知られた。冬の白馬村はまるで外国である。

歳事●八方尾根火祭り・霧降宮切久保諏訪神社 例祭

小谷村（北安曇郡）

Otari Village

◉人口 約2,600人　◉標高 約500m

村の木◉ぶな　村の花◉おおやまざくら

雪中キャベツ　雪中人参

緑の山と雪と温泉のふるさと

風土●県最西北部に位置する。村の中央を日本海に北流する姫川が流れ、これを底辺に標高1600～2800mの高山が連なり、山々に囲まれた急峻な峡谷型の地勢となっている。姫川に沿って縦断する糸魚川静岡地質構造線により、もろくて弱い地質地帯が広範囲に及ぶ。西側は比較的緩斜面が続く高原的景観には良質なスキーゲレンデがつくられている。村域の88％を森林が占め、耕地は2.1％と少ない。特別豪雪地域に指定されている。JR大糸線と国道148号が重要な交通機関となっている。

歳事●塩の道まつり

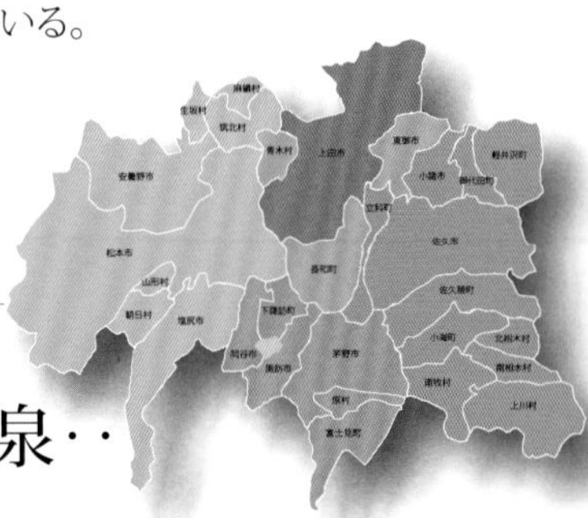

上田市

Ueda City

◉人口 約153,000人　◉標高 約460m

市の木◉さくら　市の花◉つつじ

山口大根

真田城下の街並みと高原と温泉‥

風土●県東部、日本のほぼ中央に位置する。奈良時代から京都と東北地方を結ぶ東山道の拠点として栄えた。北は上信越高原国立公園の菅平高原、南は八ケ岳中信高原国定公園に指定されている美ケ原高原など2000m級の山々に囲まれる。森林と里山、清流に育まれた自然豊かな市である。標高400mから800mの河川沿いに広がる平坦地や丘陵地に市街地や集落が形成される。佐久盆地から流れこむ千曲川が市の中央部を長野盆地に西流する。真田氏の居城がある上田地域、岡谷に次ぐ製糸場があった丸子地域、国定公園美ヶ原高原がある武石地域など特色がある。古代ロマン東山道の拠点だった。

歳事●生島足島神社 荒魂社例祭・保野祇園祭・岳の幟 ・しおどし祭り

上小地域

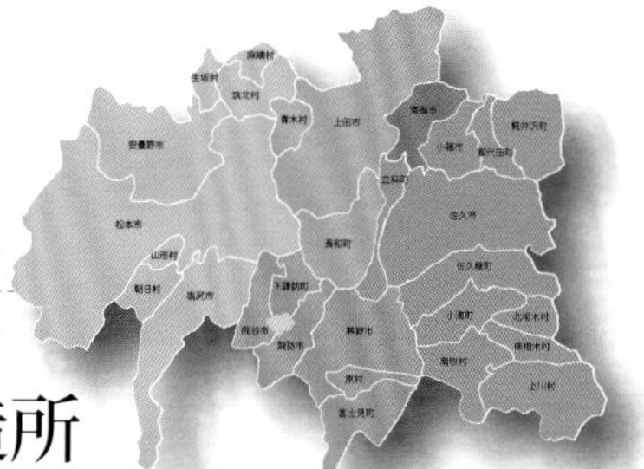

東御市

Toumi City

◉人口 約29,300人　◉標高 約530m

市の木◉くるみ　市の花◉つつじ

信濃胡桃

姫小沢の棚田と葡萄畑と醸造所

風土●県東部に位置する。扇状地部分では湧水など豊かな水系を利用して水田、水田化の困難な地域では火山性の土壌（黒ボク）を活かした果樹園芸が盛ん。高地では高原野菜栽培が行われる。千曲川の470mから湯の丸高原1750mの標高差がある。千曲川の北側は緩やかな南斜面、南側は台地と日照時間が長く、水はけの良い土壌などぶどう栽培ワイン醸造に最適な条件。2008年、長野県で初めてワイン特区に認定された。烏帽子岳山麓にある姫小沢の棚田は島崎藤村の「破壊」の舞台になった場所である。

歳事●海野宿ひなまつり・祢津祇園祭

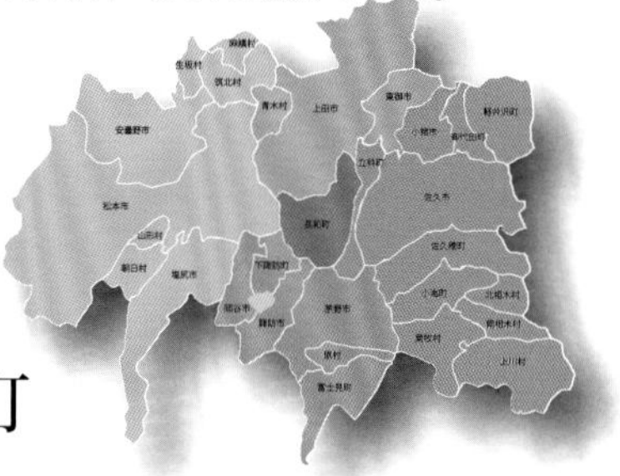

長和町（小県郡）

Nagawa Town

◉人口 約5,600人　◉標高 約630m

町の木◉やまざくら　町の花◉つつじ

ゆっくり時間の流れを感じる町

風土●県ほぼ中央に位置する山岳地帯にある。標高が高く周囲を山に囲まれた地形のため気候変化が厳しい。和田峠付近は縄文時代より黒曜石の産地として古代から人々が住み暮らしてきた。鎌倉時代には依田氏という地方豪族が一帯を支配していたとされる。江戸時代には天領で中山道長久保宿と和田宿が置かれ、今日に至るまで当時の面影を残している。平野部は昔ながらの田園風景、美ヶ原高原や蓼科山につながる丘陵部は四季を彩る自然景観、西南部にある星糞峠は黒曜石の産地である。

歳事●豊受大神宮 おたや祭り・ふる里和田宿宿場まつり

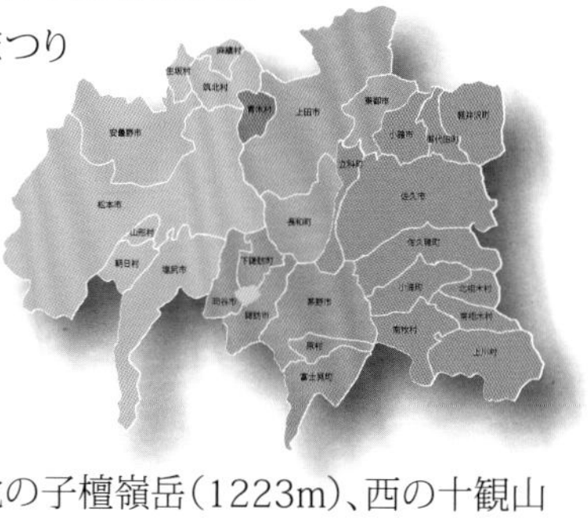

青木村（小県郡）

Aoki Village

◉人口 約4,100人　◉標高 約550m

村の木◉ねず　村の花◉アイリス

たちあかね

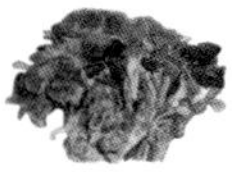

「夕立と騒動は青木から」

風土●県東部に位置する。南の夫神岳（1250m）、北の子檀嶺岳（1223m）、西の十観山（1284m）は「青木三山」と呼ばれる村のシンボル。浦野川が村の中央を東流、千曲川に注ぐ。米・菌茸類・果樹・花卉など農業が基幹産業である。内陸性気候で降水量は少なく、気温の較差が大きい。縄文時代の遺跡も出土しているように古くから人が定住した形跡がある。江戸から明治時代にかけて農民一揆が多発したことから「夕立と騒動は青木から」といい伝わる。正義を貫いた先人を誇りとし義民太鼓が創設された。

歳事●青木村夏祭り・青木村産業祭　新そばまつり

佐久地域

小諸市

Komoro City

◉人口 約41,600人　◉標高 約680m

市の木◉うめ　市の花◉こもろすみれ

そら南蛮　ひしの南蛮　御牧苺

古城のほとり雲白く遊子悲しむ

風土●県東部に位置し、北は浅間連峰が連なる。浅間山麓を水源にする17河川の支流が南北に流れる千曲川へ流入する。市の標高は600mから2000mと高いため冬の寒さが厳しいが雪の降る日も量も少ない。夏は湿気が少ない。年間を通して雨が少なく、国内でも屈指の晴天率を誇る。小諸城の起源は平安時代の武将小室太郎光兼が宇当坂に築いた館。武田の軍師だった山本勘助の城郭整備が原型である。明治32年、小諸義塾に講師として赴任したのが島崎藤村。懐古園に「千曲川旅情のうた」詩碑が立つ。

歳事●御影新田の道祖神祭り・健速神社 例大祭

佐久市

Saku City

◉人口 約98,000人　◉標高 約680m

市の木◉からまつ　市の花◉こすもす

佐久古太きゅうり

澄んだ空気・高い晴天率・・星空の町

風土●本州のほぼ中央の都市である。県の東部、佐久平のまん中に位置する。浅間山・八ヶ岳・蓼科山・荒船山に囲まれた高原の市である。千曲川が市の中央部を南北に貫流している。気温の年較差が大きく、国内でも有数の日照時間を誇るなど、典型的な内陸性気候を示す高燥冷涼地。恵まれた気候と良質な果物や乳製品が揃うのでケーキ店が多く、神戸・東京自由が丘と並ぶ「日本三大ケーキの町」と言われる。地域医療が充実している健康長寿の町でもある。住環境に恵まれて首都圏のアクセスも良いことから移住や関東とのデュアルライフ(二拠点生活)も増えている。

歳事●上原の鳥追い祭り・春日本郷地区道祖神祭り

小海町(南佐久郡)

Koumi Town

◉人口 約4,400人　◉標高 約860m

町の木◉からまつ　町の花◉さらさどうだんつつじ

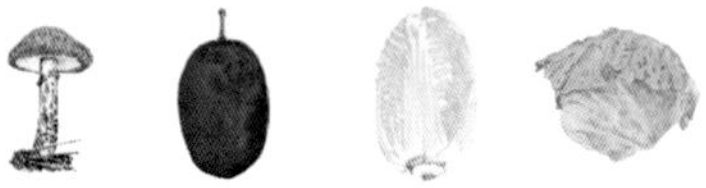

北八ヶ岳山麓・高原野菜の産地

風土●県東部、南佐久地域のほぼ中央に位置する。町の西側にそびえる八ヶ岳連峰、町の中央を南北に流れる千曲川に沿って帯状の平坦地が形成されている。町役場の標高は855m。千曲川をなぞるように走る国道141号とJR小海線が町の主要な交通路となっている。千曲川の左岸(西部地域)は八ヶ岳連峰の裾野が広大な傾斜地として広がり、右岸(東部地域)は秩父山塊の裾野の段丘帯となっている。白菜やレタスなど高原野菜の有数の産地である。松原高原にある松原湖は湖沼群総称、一番大きな猪名湖の別称。

歳事●親沢諏訪明神 親沢の人形三番叟・松原諏方神社 春祭り・親沢諏訪明神 鹿舞

佐久穂町（南佐久郡）

Sakuho Town

◉人口 約10,400人　◉標高 約740m

町の木◉しらかば　町の花◉くりんそう

信州ひすい蕎麦

透き通った水の流れる山麓の町

風土●県東部、南佐久郡の北部に位置する。北は佐久市、西は茅野市、南は小海町と北相木村、東は群馬県南牧村と上野村に接している。中央部を千曲川の清流が南北に貫流する。日照時間が四季を通じて長く、年平均降水量の少ない恵まれた環境。内陸性気候で、寒暖の差は大きいものの、夏季は冷涼、冬季は積雪が少なく、寒気の厳しい冬期を除けば暮らしやすい環境。北八ヶ岳山麓の原生林にある白駒の池は標高2100m以上では最大の湖。取り囲むコメツガ・トウヒ・シラビソの根元には485種の苔の森。日本蘚苔類学会で「八ヶ岳白駒池周辺の原生林」に認定された。

歳事●平林観世音初縁日・高野町祇園祭

川上村（南佐久郡）

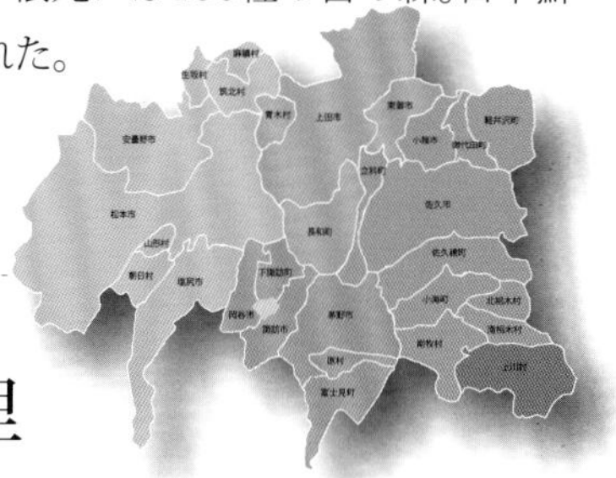

Kawakami Village

◉人口 約4,700人　◉標高 約1,200m

村の木◉からまつ　村の花◉しゃくなげ

信濃川に至る千曲川源流の里

風土●県の最東端に位置。村役場の標高は1185m、日本一高い庁舎である。四方を山々が連なり秩父多摩甲斐国立公園の一角を占める風光明媚な環境にある。夏場は冷涼な気候条件から生産される高原野菜畑が一面に広がり、秋には唐松林が黄金色に彩られ、冬には広大な大地を真っ白な雪が覆い尽くす。春になると雪解けとともに大地の息吹を感じさせるよう山菜が顔を見せ、やがて、新緑の景色が広がっていく。甲武信ヶ岳（2160m）山頂直下に「千曲川・信濃川水源地標」が立つ。日本海へ376kmを流れ下る。

歳事●川上村夏まつり・花火大会

南牧村（南佐久郡）

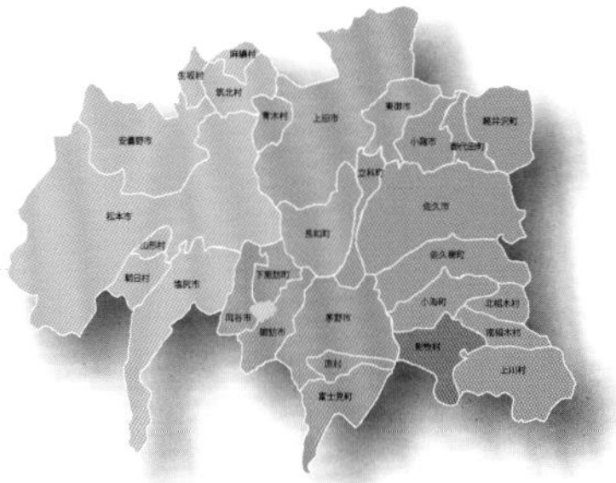

Minamimaki Village

◉人口 約3,400人　◉標高 約1,000m

村の木◉おおやまざくら　村の花◉すずらん

花豆

高原野菜と牛乳のふるさと

風土●県の東端に位置する。村域は標高1000mから1500mという高低差の激しい土地に広がる。年間平均気温は6.9℃。冷涼な気候を生かした白菜やレタスなどの高原野菜畑や乳牛の牧場がてんざいしている。野辺山の牛乳工場で作る乳製品は有名ブランドとなっている。野辺山高原一帯では明治から昭和中期まで稲作が主だった。もっと土地にあった生産性の上がる作物を研究し白菜や大根を作るようになる。昭和10年に小海線が開通すると大根はたくあん漬けに加工して出荷していた。昭和35年頃からサラダなどの西洋料理が食べられるようになりレタスなどの高原野菜が作られるようになった。

歳事●大日向の火とぼし・星尾諏訪神社 御柱祭

南相木村（南佐久郡）

Minamiaiki Village

◉人口 約1,000人　◉標高 約990m

市の木◉あかまつ　市の花◉やまざくら

相木蕎麦　夏苺

在来種の相木そばと夏秋いちご

風土●県の東南端、群馬県境に位置する。村域の森林率は約87％。縄文時代中期の頃から人が住み始めたといわれている。村名の由来ともなっている相木（阿江木）氏の名前が歴史に登場するのは室町時代。相木氏は佐久地方を治めていた大井氏や甲斐の武田信玄の家臣として活躍し、村には相木氏が菩提寺として建立した中島の常源寺、相木常喜が寄進したと伝えられる軍配団扇や相木氏にまつわる数々の伝説・逸話が残されている。特産品はレタスや白菜など高原野菜。相木そば、夏秋いちごも栽培されている。

歳事●まんどう火・栗生 十九夜念仏講・新春 獅子舞

北相木村（南佐久郡）

Kitaaiki Village

◉人口 約700人　◉標高 約970m

市の木◉からまつ　市の花◉しゃくなげ

最高級品質からまつの産地

風土●県の東南に位置する。役場の標高は982m。標高2112mの御座山を源流とする相木川は三滝や箱瀬の滝などの名勝を生みながら千曲川へと注ぐ。森林率は約90％。森林面積の約７割はカラマツ林。最高級の品質の材が収穫できるからまつの産地である。縄文早期の土器が出土した栃原遺跡は縄文人たちの生活跡。離島を除くと全国で人口の少ない方から11番目の村である。コンビニも信号機もないが「真っ青な空・美味しい野菜・豊かな自然」が有り余る。高原野菜や菊を中心とした花卉栽培が行われている。

歳事●家難祓・厄除観世音縁日・栃原獅子舞・とうかんや

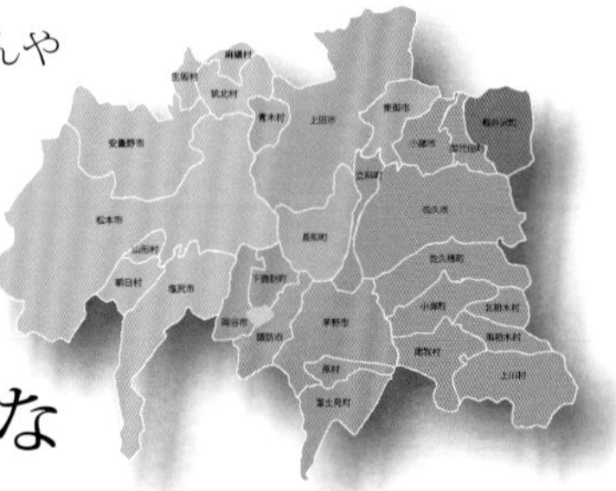

軽井沢町（北佐久郡）

Karuizawa Town

◉人口 約21,600人　◉標高 約940m

町の木◉こぶし　町の花◉さくらそう

霧下野菜

ふきとばす石も浅間の野分かな

風土●群馬県境に位置する。日本を代表する三重式成層活火山の浅間山は、昭和40年代まで毎年のように噴火活動を繰り返し、鬼押し出しなどの奇勝を生み出してきた。元禄元年、芭蕉は『更科紀行』の旅で中山道の追分・沓掛・軽井沢宿を通り、碓氷峠を越えている。明治19年、軽井沢を訪れたカナダ生まれの英国聖公会宣教師のアレキサンダー・クロフト・ショーが素晴らしい自然に感動、『屋根のない病院』と軽井沢を称え、その魅力を内外の知人に紹介。以後、保健休養地としての地位を確立した。

歳事●熊野皇大神社 御田遊の神事・熊野皇大神社 例祭

御代田町（北佐久郡）

Miyota Town

◉人口 約16,500人　◉標高 約840m

町の木◉いちい　町の花◉やまゆり

 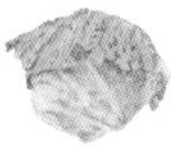  

自然が織りなす四季折々の変化

風土●日本屈指の活火山である浅間山（標高2,568m）の南麓に広がる地域に位置する。北部の小沼・塩野地域は『和名類聚抄』の小沼郷にあたる。町の南西部の小田井には、中世から小田井城があり、1547年（天文16年）には小田井原の戦いがあった。近世は、旧中山道の宿場町の小田井宿として栄えた。北陸新幹線や上信越自動車道など、近年では首都圏とのアクセス環境も整い、利便性と自然環境面に恵まれた暮らしやすい、自然豊かな高原の町。

歳事●道祖神祭りわら馬引き・信州・御代田龍神まつり・小田井宿祭り

立科町（北佐久郡）

Tateshina Town

◉人口 約6,800人　◉標高 約710m

町の木◉しらかば　町の花◉すずらん

立科牛

歴史と未来・環境が調和する町

風土●県の東部北佐久郡の西端に位置する。北部では稲作を中心としてりんご・高原野菜・畜産（肉用牛・肉豚）などの農業が盛んで、南部の高原地帯は、蓼科山（標高2,531メートル）の北西に女神湖・白樺湖・蓼科牧場を有する一大リゾート地で四季折々の自然の恵みを満喫することができる。年較差も日較差も大きく、四季の変化に富んだ冷涼な高原の気候。全国的にも屈指の寡雨の町。晴天率が高く、日照時間が長い。

歳事●獅子舞・蓼科神社 秋祭

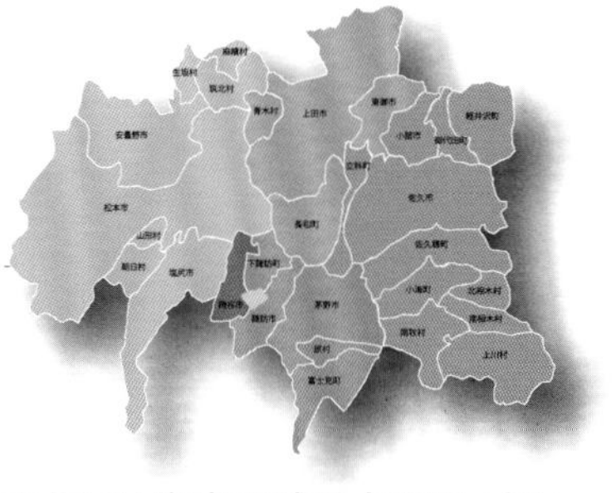

岡谷市

Okaya City

◉人口 約46,100人　◉標高 約780m

市の木◉いちい　市の花◉つつじ

信州の真ん中、諏訪湖畔の街

風土●県ほぼ中央に位置し、諏訪湖の西岸に面し、西北には塩嶺王城県立公園、東には八ケ岳連峰、遠くには富士山を望む。湖と四季を彩る山々に囲まれた風光明媚な都市。また、諏訪湖唯一の流出河川に臨み、ここより天竜川が発し、遠く浜松に達している。市内からは原始時代の梨久保遺跡や目切遺跡といった遺跡が発見された。古代には諏訪信仰の史跡も多く、龍源山の神、洩矢神社、藤島神社、出早雄小萩神社等が残されている。江戸時代には市域全体が諏訪藩領となった。

歳事●御野立記念祭・岡谷きつね祭り

諏訪地域

諏訪市

Suwa City

◉人口 約47,600人　◉標高 約760m　市の木◉きはだ・かりん　市の花◉あやめ・にっこうきすげ

上野大根

諏訪湖と諏訪大社上社と精密機械

風土●諏訪湖に隣接する工業都市であるとともに、諏訪湖や上諏訪温泉、諏訪大社の上社（本宮）、霧ヶ峰高原を抱える観光都市でもある。江戸時代は高島藩の城下町であった。戦中から戦後にかけ、時計、カメラ、レンズなどの生産が増え、山と湖のある風土と相まって「東洋のスイス」と称されたこともある。周囲を山脈に囲まれ、山々と諏訪湖の影響を受けた内陸性気候であるが、春夏秋季の降水量は県内比で多め、冬季の降水量は圧倒的に少ないというように、内陸気候の中でも特徴的な気象環境下にある。

歳事●諏訪大社上社 御頭祭・諏訪大社上社十五夜相撲神事

茅野市

Chino City

◉人口 約55,500人　◉標高 約800m　市の木◉しらかば　市の花◉りんどう

諏訪赤かぶ　河童瓜　糸萱南瓜

八ヶ岳の伏流水と「縄文王国」

風土●諏訪盆地の中央、八ヶ岳連峰裾野の標高770mから2899mに広がる高原都市。富士山に次ぐ広大な裾野をもつ八ヶ岳火山列の西側北半分を占める。諏訪盆地平坦部の南部、緩やかな裾野には集落や耕地が展開し、市民生活・産業の基盤となっている。市内には50箇所の水源があり、水道水は八ヶ岳の伏流水である。高原キャベツや大根など多種多様な野菜、高原の味噌や寒天は特産品。八ヶ岳西麓は食料となる動植物・水・黒曜石などが豊富なため高度な縄文文化が栄たらしい遺跡が発見されている。

歳事●どぶろく祭り・茅野どんばん

下諏訪町（諏訪郡）

Shimosuwa Town

◉人口 約18,900人　◉標高 約760m　町の木◉さくら　町の花◉つつじ

諏訪湖と下諏訪宿と諏訪大社下社

風土●県のほぼ中央にあり、南は諏訪湖に面している。町の発祥は石器・縄文時代にさかのぼる。醍醐天皇（10世紀初め）の頃に作られた和名抄によると、信濃国諏訪郡名の中に、「土武郷」という地名があり、これが現在の下諏訪町と考えられている。戦国時代には武田信玄とのかかわりも深く、その当時の史跡、文化が偲ばれる。江戸時代になると、中山道、甲州街道が合流する交通の要衝で、中山道随一の温泉宿場町として賑わい、また全国に一万余の分社を持つ諏訪神社の総本社としても栄えた。

歳事●諏訪大社下社 筒粥神事・諏訪大社下社 遷座祭・諏訪神社(秋宮) 例祭

諏訪・松本地域

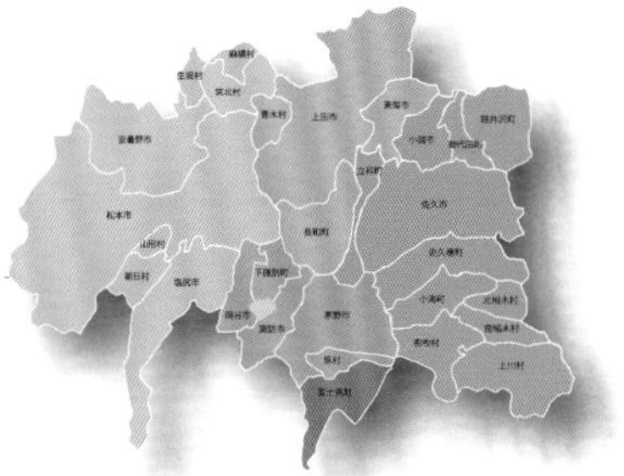

富士見町（諏訪郡）

Fujimi Town

◉人口 約14,200人　◉標高 約970m

町の木◉しらかば　町の花◉すずらん

乙事赤瓜

野沢菜

多くの文化人に愛された町

風土●諏訪地域の東端、八ヶ岳と南アルプス（赤石山脈）北端の入笠山に挟まれた高原地帯に位置する町。生活圏の標高は700mから1200mで年平均気温は約10℃である。標高の高さを利用した農業が盛んで古くから米作が行われ、セロリやトマトなど高原野菜、花卉の生産地として知られている。諏訪湖周辺で盛んな精密機械や部品の生産工場も数多くある。文人や歌人に愛され、特にアララギの歌人たちによって歌会が開催されていた。井伏鱒二をはじめとする多くの作家たちが別荘を構えた。富士が眺望できる。

歳事●高原の縄文王国収穫祭

原村（諏訪郡）

Hara Village

◉人口 約8,100人　◉標高 約1000m

村の木◉ひめばらもみ　村の花◉れんげつつじ

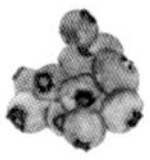

山や谷が少ない緩やかな高原

風土●八ヶ岳と諏訪湖の間に位置する高原の村。標高900mから1300m、村域は緩やかな高原状の地形で山や谷が少ない。八ヶ岳連峰の阿弥陀岳（2805m）を頂点として東西に細長い形をしている。八ヶ岳西麓の緩傾斜地には多くの集落や耕地が広がり、住民生活の中心地となっている。山麓部は標高1200m付近までなだらかな傾斜が広がり森林と原野が続くが、保養地や別荘地の開発により観光地化が進んでいる。ウィンタースポーツ・温泉・避暑地としても魅力のある村には田舎暮らしに憧れた移住者も多い。

歳事●八ヶ岳 原村高原朝市

松本市

Matsumoto City

◉人口 約235,700人　◉標高 約590m

市の木◉あかまつ　市の花◉れんげつつじ

松本一本ねぎ

番所胡瓜

松本越瓜

国宝松本城と地下水盆と学都

風土●県内では最も広い自治体。北アルプスや美ヶ原高原に抱かれた松本平に位置する。国宝松本城城下町として歴史文化に育まれた。山岳観光都市の岳都、音楽の都の楽都、教育文化の学都の、三つの「ガク都」がある。面積の約6割は森林、山地丘陵地と本州中央部を横断する糸魚川静岡構造線に沿って南北に延びる松本平の一部として発展した。盆地は地下水盆で、城下町が形成される以前から生活水として利用されている。周囲の山並みや清流など豊かな自然がもたらす恵みがこの地方の産業や文化の礎である。

歳事●須々岐水神社 お船まつり・浅間温泉 松明まつり

塩尻市

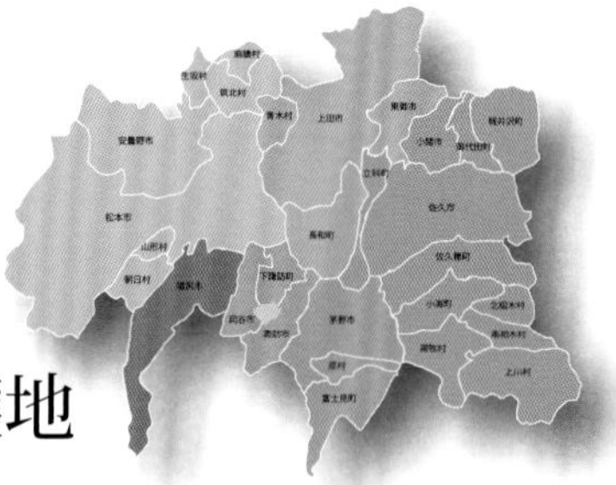

Shiojiri City

◉人口 約65,700人　◉標高 約710m

市の木◉いちい　市の花◉ききょう

羽淵きうり　木曽菜

宿場・縄文遺跡・ワインの銘醸地

風土●松本盆地の南端、県のほぼ中央に位置。太平洋と日本海の道が交差する交通の要衝である。信濃川水系と天竜川水系の河川が流れ、塩尻峠と善知鳥峠、鳥居峠は太平洋と日本海の分水嶺になっている。桔梗が原でぶどう栽培が始まったのは明治23年、7年後にワイン醸造が始まった。平成元年には世界的なワインコンクールで金賞を受賞、世界の銘醸地として知られるようになった。木曽平沢地区の木曽漆器は400年以上の伝統を誇る国指定の伝統工芸品。木曽路の入り口楢川地区には中山道の贄川宿と関所や奈良井宿、国史跡平出遺跡がある。

歳事●阿禮神社 例大祭・木曽平沢諏訪神社

安曇野市

Azumino City

◉人口 約106,400人　◉標高 約550m

市の木◉けやき　市の花◉わさび

穂高いんげん　穂高山葵　牧大根

米山葵・精密機械は水のおかげ

風土●松本盆地のやや北側に位置する。西は標高3,000m級の峰が連なる北アルプス、東には筑摩山地の一部である長峰山などが南北に連なっている。古代から中世にかけては信濃国の一部で、安曇氏が支配していた。地名の元になった「あづみ族」は古代北九州を拠点に活躍していた海洋民族で、毎年行われる「御船祭り」はその名残である。市内にある穂高神社は古くから信仰の対象となっていた。県一番の米どころになったのは市内をくまなく流れる水路のおかげ。湧水では山葵作りも行われる。水はけがよく西の山裾ではりんご栽培のほか精密機械を作る工業も盛んである。

歳事●穂高神社 奉射祭 例祭御船祭・安曇野 神竹灯

麻績村(東筑摩郡)

Omi Village

◉人口 約2,500人　◉標高 約630m

村の木◉　村の花◉

はぜかけ米

善光寺街道の宿場として賑わった

風土●県中央に位置する筑摩山地のやや北寄り、東筑摩郡の北端、高原の村。「麻績」の地名は平安朝初期の文献及び伊勢神宮の記録では1000年以上前から用いられていた。伊勢神宮内宮の御厨で江戸時代には松本藩預かりの天領だった。古くから北国脇往還の宿場として西国から善光寺へ参詣する人々の通り道であり、篠ノ井線開通までは旅人宿が繁栄した。太陽の光と風で乾燥させるはぜかけ米、標高620m〜750mでのりんご栽培が盛ん、女渕地区では黒毛和牛が飼育されている。

歳事●道切り梶浦の「道切り」

生坂村（東筑摩郡）

Ikusaka Village

◉人口 約1,700人　◉標高 約520m

町の木◉かしわ　町の花◉つつじ

犀川と山清路、おやきと干し柿

風土●県の中ほどに位置する東筑摩郡の北西部にあり、東京都23区の江東区とほぼ同じ大きさ。山々が重なり合う山並みの間を、北アルプスを源流とする犀川が北流する。流域の段丘地に水田や畑が散在する山紫水明、豊かな自然に溶け込んだ村である。村役場の標高は519m。村名は「急傾斜地」のことで「いか（厳）さか（坂）」が由来とか。慶長年間から煙草を栽培、生坂煙草の名で知られた。専売になったため養蚕に移行した。かつては養蚕が盛んだった。新たな特産品づくりを目指して昭和61年ぶどう栽培を始めた。現在ではぶどう栽培が基幹産業になっている。

歳事●石尊様の祭り・上生坂日置神社の秋季祭典

山形村（東筑摩郡）

Yamagata Village

◉人口 約8,500人　◉標高 約690m

村の木◉いちい　村の花◉さつき

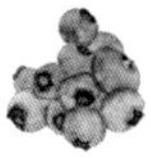

サラダ街道の県で一番小さな村

風土●県で一番小さな標高約700mの村である。西部は山地と集落、東部に農地が広がる。肥沃な台地では長芋・すいか・りんご・ブルーベリーなどの野菜や果物の山地として知られている。日本アルプスサラダ街道という観光道路や、清水寺で有名。松本盆地南西部台地上に位置する。飛騨山脈からの吹き降ろしの風「アルプス颪（おろし）」が吹く。村東部に特産の長いも畑が広がる。自然状態のままでは条件のよい農地が少なく、古くから水利条件の整備が農業生産と密接に結びついていた。江戸時代後期には道祖神文化が栄えた。

歳事●清水寺 八十八夜例祭・夏祭り山形じゃんずら

朝日村（東筑摩郡）

Asahi Village

◉人口 約4,300人　◉標高 約790m

市の木◉あかまつ　市の花◉かたくり

雄大な自然と悠久の歴史と

風土●松本平の西南端、木曽との間に位置。晴天率の高い自然あふれる村である。森林率は87％。村内には縄文時代の遺跡が各所にある。熊久保遺跡からは中期全盛期の遺物が数多く発見されることから約4500年前から人が住んでいたと思われる。平安時代は洗馬の牧、鎌倉時代は洗馬の庄と呼ばれ、江戸時代には「洗馬の郷」といわれた。伝承によれば、光輪寺薬師堂は天平時代に創建、鎌倉時代に平家討伐を祈願し、木曽義仲の命で再興されたとされる。堂内の桜樹は「木曽義仲公手植桜」と呼ばれる。

歳事●五社神社 歳旦祭・五社神社 例大祭

筑北村（東筑摩郡）

Chikuhoku Village

◉人口 約4,100人　◉標高 約660m

市の木◉　市の花◉

曼荼羅の里は米どころ

風土●県の真ん中あたりに位置するハート形の米どころの村である。四阿屋山をはじめ、岩殿山、冠着山など象徴的な山々を背景として、東条川、安坂川、麻績川などが形成した河岸段丘や緩やかな傾斜地に集落が散在している。村役場の標高は665m。内陸性の気候で、昼夜の気温差が大きい。善光寺街道の北国西街道沿いに位置し、青柳宿が設置されていたほか、間の宿として西条宿、乱橋宿が置かれていた。神社や仏跡、史跡なども数多く、歴史を感じさせる。

歳事●刈谷沢神明宮 お田植え祭り・富蔵山・岩殿寺の火渡り

伊那市

Ina City

◉人口 約65,600人　◉標高 約630m

市の木◉かえで　市の花◉さくら

アルプスと天竜川・・自然共生都市

風土●県南東部に位置し、南東側は南アルプスを越えて山梨県と静岡県にも接している。西部に中央アルプス県立公園がある。伊那市役所の標高はスカイツリーとほぼ同じ高さの623m。御殿場遺跡や伊勢並遺跡等が分布し早くから開けていた地域で、伊那谷が馬の産地だったこともあり古代朝廷とも繋がりが深い地域だった。6世紀には朝鮮半島から渡来した建築技術集団と思われる猪名氏の支配下となり伊那部の地名の由来となった。神社や仏跡、史跡なども数多く、歴史を感じさせる街である。

歳事●羽広の獅子舞・六道地蔵尊の縁日祭・さんよりこより

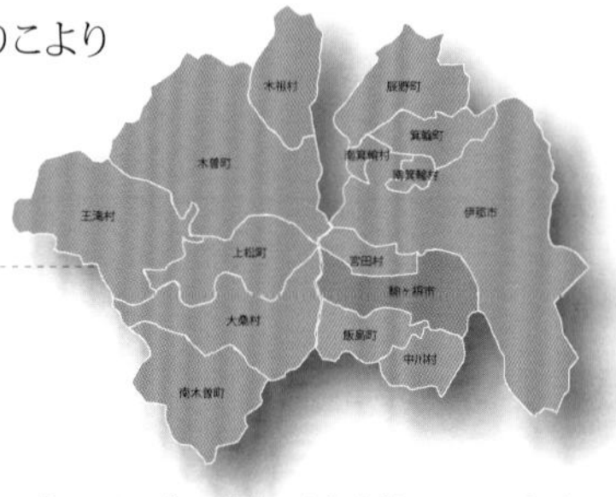

駒ヶ根市

Komagane City

◉人口 約31,500人　◉標高 約680m

市の木◉あかまつ　市の花◉すずらん

豊かな自然の中に息づくまち

風土●県の南部・伊那谷のほぼ中央に位置する。東に南アルプス（赤石山脈）、西に中央アルプス（木曾山脈）の3000m級の山々を望む。「駒ヶ根」という名前は、駒ヶ岳の麓のまちという意味。ほぼ中央を北から流れる天竜川を軸にして、東西にそれぞれ平坦地、段丘地、丘陵地、山岳地へと河岸段丘が続く。川の西側は、比較的なだらかな平野部、東側は、平坦部が少なく、急峻な伊那山脈、谷あいがその中に複雑に入り込んでいる。

歳事●大宮五十鈴神社　秋祭り・豊年踊り

辰野町（上伊那郡）

Tatsuno Town

◉人口 約18,400人　◉標高 約720m

町の木◉しだれくり　町の花◉ふくじゅそう

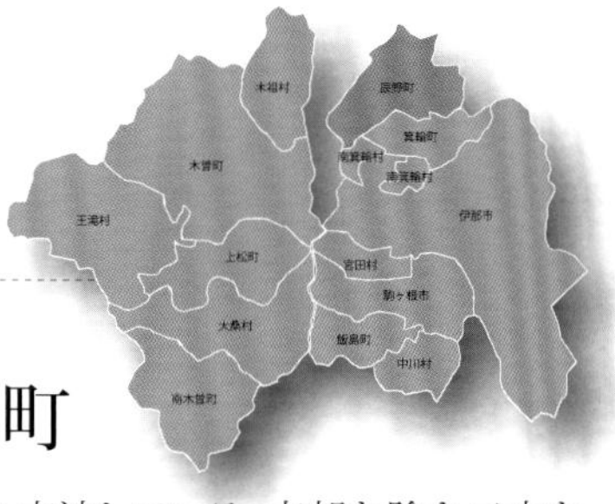

諏訪湖の南西に位置する蛍の町

風土●伊那盆地の最北端に位置し、天竜川が中央を南流している。南部を除き三方を山に囲まれ、市街地は辰野駅から南西部に、集落は各山麓に発達している。耕地は、北の小野川、西の横川川および天竜川の沿岸に水田があり、丘陵地帯は果樹園のほか、畑に利用されている。古来より中部山岳地域における交通の要衝であった。原始時代からの遺跡や遺物も各地で発掘され、縄文時代草創期（およそ1万年前）からの人々のくらしが確認されている。

歳事●神明神社 例祭(天狗祭り)

箕輪町（上伊那郡）

Minowa Town

◉人口 約24,600人　◉標高 約710m

町の木◉けやき　町の花◉いわやまつつじ

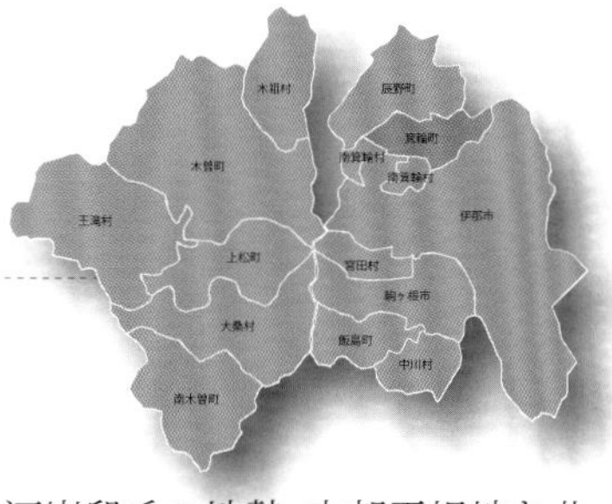

赤そばの花畑と1万本の紅葉

風土●県のほぼ中央部、上伊那郡の北部に位置し、河岸段丘の地勢。中部平坦地を北から南へ天竜川が貫流し、竜東は狭小な大地から伊那山脈に、竜西は広い緩傾斜の台地となって中央アルプス連峰に続き、ともに農耕地帯を形成している。東に山林、南は耕地、原野、西北は耕地山林となっている。上伊那の米どころ、年間を通して野菜や果物の栽培が盛んである。東京ドームほどの広大なそば畑がある赤そばの里や箕輪ダム周辺の1万本の紅葉は「もみじ湖」として人気の観光地となっている。

歳事●福与城跡祭り・おさんやり

飯島町（上伊那郡）

Iijima Town

◉人口 約9,000人　◉標高 約690m

町の木◉いちい　町の花◉しゃくなげ

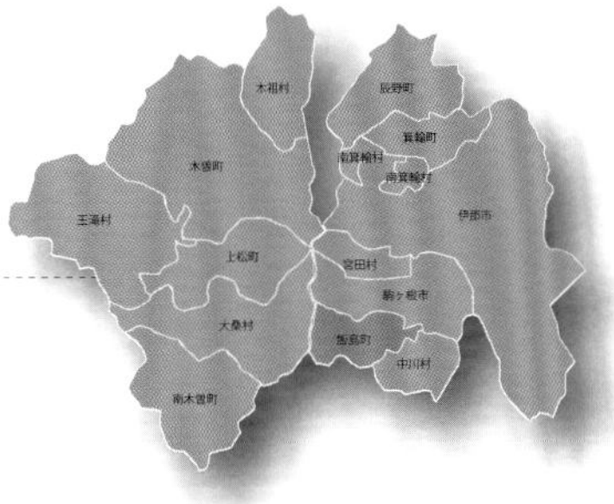

二つのアルプスが見えるまち

風土●南信州・伊那谷の中央に位置し、西に中央アルプス、東は南アルプスに囲まれている。古くは信州伊那谷の天領を治めた飯島陣屋が置かれ、明治維新以降は伊那県庁として、江戸時代から明治初期に至る200年近い間、信濃の国や伊那県の政治上重要な役割を果たしていた。西には南駒ケ岳、空木岳、越百山などの峰々が目前にせまる中央アルプス、東には仙丈岳から赤石岳まで3000メートル級の峰が連なる南アルプス。中央アルプスを源に流れ出す与田切川は深い渓谷をつくって流れ下りる。

歳事●千人塚祭典・芝宮神社 祇園囃子・梅戸神社 秋祭り

上伊那地域

南箕輪村（上伊那郡）

Minamiminowa Village

◉人口 約16,000人　◉標高 約690m

村の木◉あかまつ　村の花◉きく

大芝苺

2月18日は「南箕輪村の日」

風土●伊那谷の広い平地の中心に位置している。天竜川の支流である大泉川扇状地の上に開かれた村。経ケ岳と黒沢山の涵養により生産された砂礫が上伊那北部の竜西地域最大の扇状地をつくり出し、特徴的な平坦部となっている。数多くの湧水が知られ、古くから生活用水や農業、産業などに利用されてきた。南殿にある「不死清水（しんずらしみず）」も扇端部から湧き出す湧水群の一つである。天竜川西岸の河岸段丘は田園と畑作地帯が広がる。信州大学農学部がある。人口の約７割が移住者。県内で一番若い村だ。

歳事●ほっぽんや・穂垂様（ほんだれさま）・送り万灯（まんど）

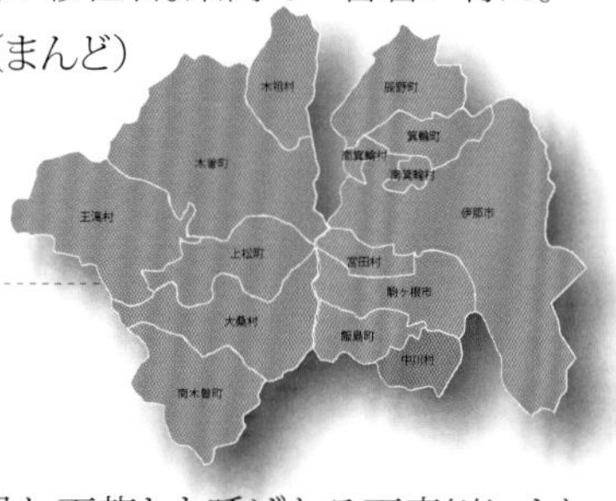

中川村（上伊那郡）

Nakagawa Village

◉人口 約4,700人　◉標高 約600m

村の木◉ひのき　村の花◉うちょうらん

段丘と里山の美しい小さな村

風土●上伊那郡の最南端。屈曲蛇行して南流する、暴れ天龍とも呼ばれる天竜川により竜東南向地区と竜西片桐地区が二分されている。竜東南向地区は伊那山地（陣馬形山、大嶺山）が南北に走り平坦地は少ない。竜西片桐地区は天竜川によってできた河岸段丘に囲まれて谷盆地があり、段丘を削った沢は天竜川にそそいでいる。村を代表する「絶景の山」陣馬形山からは中央・南アルプス、時には北アルプスまで眺望できる。眼下に伊那谷の景色も広がる。傾斜地では果樹、段丘や扇状地では米や野菜などが栽培される。

歳事●中川どんちゃん祭り・大草八幡神社 例祭

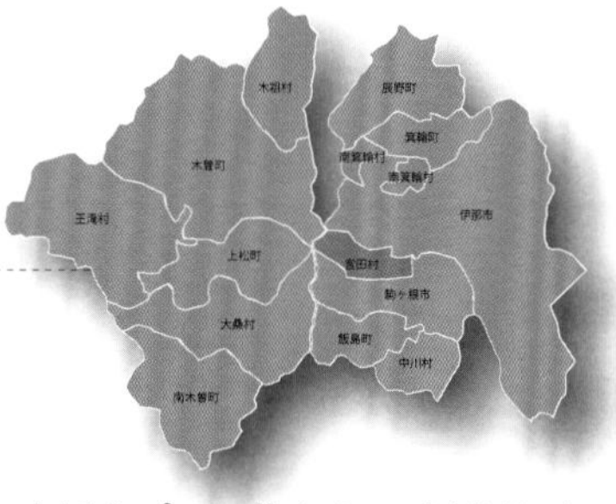

宮田村（上伊那郡）

Miyada Village

◉人口 約8,800人　◉標高 約640m

村の花◉梅の花

二つのアルプスに抱かれる村

風土●上伊那郡の中央部に位置する。南アルプスと中央アルプスに抱かれ、天竜川と太田切川に接し、水と緑に恵まれた自然豊かな村。降雪は少なく、晴天率が高い。「中越式」で知られる中越遺跡に代表される多くの遺跡があり、古くから人々が生活を営んできた。江戸時代の「宮田宿本陣」は飯田藩主が参勤交代で江戸に向かう時、この地を宿泊地としたことや、伊那谷一の荒れ川太田切川を南に控えていたことから、伊那街道の要衝として賑わっていた。住みやすい村ランキング１位に選ばれている。

歳事●宮田祇園祭・鉾立権現 例祭

飯伊地域

飯田市

Iida City

◉人口 約96,400人　◉標高 約500m

市の木◉りんご　市の花◉みつばつつじ

くだりさわ　下栗芋　中根うり　千代ねぎ

山・里・街・・自然豊かな山都

風土●県最南端、伊那谷の中央に位置し、東に南アルプス、西に中央アルプスがそびえ、南北に天竜川が貫く日本一の谷地形が広がり、気候風土に恵まれている。古くは東山道、近世以降は三州街道、遠州街道などの陸運や天竜川の水運にも恵まれ、東西あるいは南北交通の要衝として繁栄し、経済的にも文化的にも独自の発展を遂げてきた。「環境モデル都市」であり、山・里・街の暮らしと地域の文化が根付き、先進的な取り組みを進める市は「学習の宝庫」と称される。動植物の南北限地域。飯田城城下町である。

歳事●御祝い棒・こと神送り・時又初午はだか祭り

松川町（下伊那郡）

Matsukawa Town

◉人口 約12,200人　◉標高 約610m

町の木◉あかまつ　町の花◉れんげつつじ

梨の最北・りんごの最南栽培

風土●下伊那郡の最北に位置し、天竜川の東西に広がる段丘の町。東はのどかで懐かしい里山の風景、西の山には梨、りんごなどの果樹園が連なる。県内でも比較的温暖なので、梨の最北栽培地とりんごの最南栽培地が重なる土地である。山間部では梅や食用桜の栽培、暮らしに欠かせない薪づくり等の農ある暮らしが受け継がれている。奥州街道で発展した大島宿や片桐宿など宿場町は多くの人の往来で賑わった歴史がある。春はカタクリや桜・クマガイソウ、初夏は紫陽花、秋は提灯祭り、冬は「羽山ごもり」がある。

歳事●大洲七椙神社 春祭り

高森町（下伊那郡）

Takamori Town

◉人口 約12,800人　◉標高 約500m

町の木◉きんもくせい・かき　町の花◉やまぶき

市田柿

自然が造った箱庭

風土●天竜川西岸に広がる段丘の町。西に中央アルプスに続く本高森山（1889.8m）がそびえ、最高地点から東に向かって、ゆるやかに扇状地をつくり広がっている。アルプスの隆起により断層ができ、やがて川の掘り込みによって扇状地ができ、扇状地はまた新たな断層で切られ、階段のようになり、さらにそこを川が掘り込むといった具合に、何10万年にもわたる時間をかけて、特有の地形が造られてきた。町の東には仙丈ヶ岳、塩見岳、赤石岳など、四季折々に色を変える南アルプスの3千メートル峰を望むことができる。

歳事●大島山瑠璃寺 獅子舞

飯伊地域

阿南町（下伊那郡）

Anan Town

◉人口 約4,100人　◉標高 約510m

町の木◉はなのき　町の花◉しゃくなげ

鈴ヶ沢うり

鈴ヶ沢なす

鈴ヶ沢南蛮

国道151号は別名「祭り街道」

風土●南アルプスと中央アルプスに挟まれ、天竜川の右岸、下伊那郡の南部に位置する。標高315mから1664m、起伏の多い傾斜地に56の集落が点在する山間地域。森林面積は84%、農地は7%、宅地は1%。町の真ん中を南北に縦断する国道151号は別名「祭り街道」と呼ばれるほど、町は民俗芸能が深く息づく地域である。ユネスコ無形文化遺産に登録された「風流踊り」（新野の盆踊り・和合の念仏踊り）をはじめ、国重要無形民俗文化財を含む民俗芸能が各集落で大切に保存され、現在へと受け継がれている。

歳事●新野の雪まつり・日吉の御鍬祭り・深見の祇園祭り

阿智村（下伊那郡）

Achi Village

◉人口 約6,000人　◉標高 約540m

村の木◉とちのき　村の花◉ふくじゅそう

清内路
きゅうり

清内路
にんにく

清内路
黄芋

清内路
かぼちゃ

日本一の星空と村ごと家族

風土●下伊那郡の西南に位置し、北は木曽郡南木曽町、東は飯田市、下條村と阿南町、南は平谷村に接し、西は中央アルプスの恵那山を境として岐阜県中津川市に接している。標高410mから恵那山山頂2191mまでにおよび、山間地に56の集落が点在している。恵那山、富士見台高原および大川入山から、深い谷間をぬって大小の河川が流れ、阿智川および和知野川となって天竜川に注ぐ。森林率は約90.8%、環境省の「全国星空継続観察2006」で日本一星空がきれいに見える場所として認定された。

歳事●木賊獅・信濃比叡 大火生三昧(火渡護摩)・栗矢の無礼講

平谷村（下伊那郡）

Hiraya Village

◉人口 約400人　◉標高 約920m

村の木◉　村の花◉ひまわり

平谷いも

楽しい美味しい懐かしい里山

風土●信州の南端に位置する。人口389人（令和4年6月1日現在）と県下で最も人口の少ない村である。江戸から明治にかけて、幕府の伝馬制度による宿駅としての宿場として、また内陸部の重要な荷物運搬手段「中馬」のための馬屋を備えた馬宿が発達し、宿場町として栄えた。旅籠屋が立ち並び、粋に着飾った馬追いたちが信州と三河・遠江・尾張を結ぶ三州街道を行き交った。村の各地に点在する馬頭観音が当時を偲ばせる。春はソメイヨシノの桜並木、夏は高原野菜、秋は紅葉、冬はスキー··四季の楽しみがある。

歳事●御柱祭

根羽村（下伊那郡）

Neba Village

◉人口 約900人　◉標高 約590m

村の木◉すぎ　村の花◉つつじ

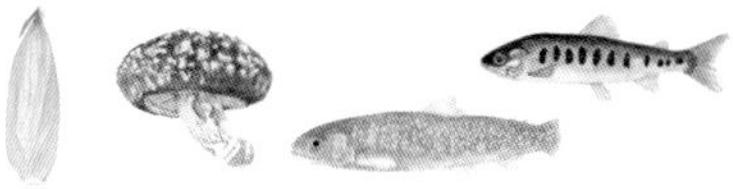

まっすぐな杉や檜の山並み

風土●県最西南部、愛知・岐阜に境を接した山村。南東には茶臼山がそびえ、全体に北西へ向かって標高が低くなる。標高は520mから1415m。全域が三河湾に注ぐ矢作川流域であり、西三河地方を灌漑する明治用水の涵養林があるなど、古くから愛知県と密接な関係にある。面積の9割以上を占める森林が矢作川の源となっている。村内の山の檜や杉は寒暖の差が激しい気候で育っているため年輪が密で硬く比較的均等となっており、空に向かってまっすぐ伸びる。戦後政府が造林事業を推奨した。

歳事●七年祭・信玄祭り・廻り太鼓

下條村（下伊那郡）

Shimojyo Village

◉人口 約3,500人　◉標高 約480m

村の木◉はなのき　村の花◉こすもす

下條にんにく

語り継がれる伝説・民話90余

風土●下伊那郡のほぼ中央に位置する。下條山脈を水源にして、加竜、白又、牛ヶ爪、南沢、郷敷沢川の流れが緩傾斜を東に向かって流れ下り、東部村境を流れる天竜川に注いでおり、これらの諸流が平坦部を侵食し各集落を自然に形成している。下伊那に2社しかない式内社の大山田神社が置かれた。村名は室町時代のはじめに甲斐の国（現・山梨県）からこの地に入り、室町中期から戦国期に全盛を極めた下條氏に由来する。村内には語り継がれてきた伝説や民話が90話もある。歴史と文化が息づいている。

歳事●御射山社 穂屋の神事・大山田神社のギョウド獅子舞

売木村（下伊那郡）

Urugi Village

◉人口 約500人　◉標高 約800m

村の木◉ぶな　村の花◉ささゆり

駒屋ねぎ　うるぎ米

「うるぎで一緒に暮らすんだに」

風土●信州最南端の村の一つで、愛知県最高峰の茶臼山北麓に位置する。1000～1300mの山々と、売木峠・平谷峠・新野峠など４つの峠に囲まれた高原の小さな盆地である。村面積の約8割を森林が占める。天竜奥三河国定公園の中心である茶臼山高原をはじめ、恵まれた森林資源を背景に江戸時代にはろくろで椀や盆などをつくる木地師が活躍した。村人たちは米の代わりに壁や屋根材の「くれ木」を年貢として納め、昭和初期までは炭焼きなども盛んだった。人口の約３割が移住者。「うるぎで一緒に暮らすんだに」は共住ガイドブック。草刈り・挨拶・おすそわけ‥などが記されている。

歳事●お練り祭り・観音堂 念仏講

飯伊地域

天龍村（下伊那郡）

Tenryu Village

◉人口 約1,100人　◉標高 約300m

村の木◉しゅろ　村の花◉やまゆり

ていざなす

まっさきに信州に春を告げる村

風土●県の最南端に位置している。村の面積の9割以上が山林で、村の中心を南北に流れる天竜川と、その支流が造るV字渓谷の中に集落が点在する。県内最も温暖な土地で、いち早く梅や桜が開花する。信州の春は天龍村から始まる。自然植生に近い環境からも他種類の植物に恵まれ、ブッポウソウ等の飛来繁殖地であり、生息している哺乳動物の種類も多い。戦後ダムの完成により、かつての天竜川の姿は一変した。その記憶を留める思いも込められた村名である。「大河内シカオイ行事」など21種類の民俗文化財がある。

歳事●向方のお潔め祭り・坂部の冬祭り・大河内シカオイ行事

泰阜村（下伊那郡）

Yasuoka Village

◉人口 約1,500人　◉標高 約790m

村の木◉ひめこまつ　村の花◉かたくり

源助蕪菜

泰山丘阜‥合併しない自立村

風土●下伊那郡の南東、天竜川の東側に位置する。標高差が大きいため常緑樹と落葉樹が混在し、植生が豊富である。縄文時代からの生活が各所の遺跡に見られ、戦国時代は時の支配領下にあった。江戸時代には天領地としての期間が大半であり、明治維新後は、伊那県管轄に入り、同4年には筑摩県の管轄となった。村名は、漢詩にある「泰山丘阜」からきており、泰阜の「泰」は水路を自分の両手で拓くという意味があり、「阜」は豊かで盛んな様を意味している。信号機もコンビニも国道もないが川と緑の山と豊かな自然がある。

歳事●お年とり・榑木踊り

喬木村（下伊那郡）

Takagi Village

◉人口 約6,000人　◉標高 約410m

村の木◉いちょう　村の花◉くりんそう

志げ子なす　赤石紅にんにく　市田柿

椋鳩十が生まれ育った地

風土●伊那谷を南北に流れる天竜川が悠久の流れの中で作った日本でも最大規模と言われる河岸段丘上にある村。いちご狩りをはじめ、ブルーベリー狩り、りんごの樹1本を全て収穫できるりんごの樹オーナー園など、四季を通して果物狩りを楽しむことができ、くりん草園、阿島の大藤、しだれ桜など、美しい花々に囲まれた自然との共存が魅力の村。「大造じいさんとガン」などの作者である児童文学者の「椋鳩十」が生まれ育った村としても有名。鳩十の碑が立つアルプスの丘公園から伊那谷が眺望できる。

歳事●阿島祭・韓郷社 獅子舞・諏訪社上ノ宮下ノ宮 春祭り

飯伊・木曽地域

豊丘村（下伊那郡）

Toyooka Village

◉人口 約6,400人　◉標高 約430m

村の木◉あかまつ　村の花◉こぶし

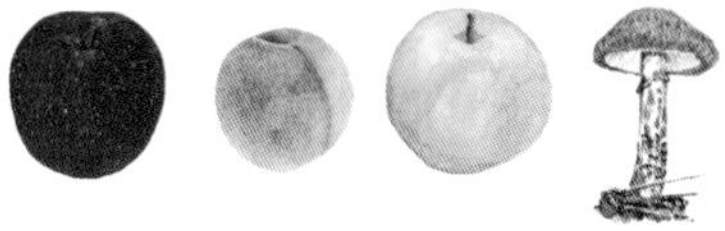

おいでなんしょ‥果物と松茸

風土●県南部、飯田市の北東に位置する。天竜川沿岸の下段地帯は水田を中心とした農業が発展し、役場庁舎、小中学校などの本村の主要な施設や工場等が集中している。中段地帯は果樹の生産地帯、上段地帯は小集落が点在しており、農地造成により集団化農業が行われている。赤松林が多く、秋に収穫される特産の「まつたけ」が有名。農業は稲作、養蚕が中心だったが、昭和40年代から果樹に転換され、農業の近代化とともに生産の向上が図られてきた。りんご・桃・梨などの果物の産地。

歳事●河野大宮神社 壮丁踊り

大鹿村（下伊那郡）

Oshika Village

◉人口 約900人　◉標高 約670m

村の木◉しらかば　村の◉くろゆり

大鹿唐辛子

植物資源は日本の宝庫

風土●下伊那郡の北東部に位置する。東には南アルプス3,000メートル級の山々がそびえ立ち、西は伊那山脈に隔てられた農耕地の少ない典型的な山村。赤石岳に源を発する小渋川はこの山ひだを縫って西北に流れ、中川村葛島附近で天竜川に合流している。村の中央部を中央構造線が南北に縦断している。多様な地質が楽しめる。村名は平安時代に坂上田村麻呂がこのあたりで大鹿を射止めたことに由来すると伝わる。300年以上も前から伝承されている地芝居の大鹿歌舞伎がある。

歳事●信濃宮李花の祭り・塩の里ぎおん祭り

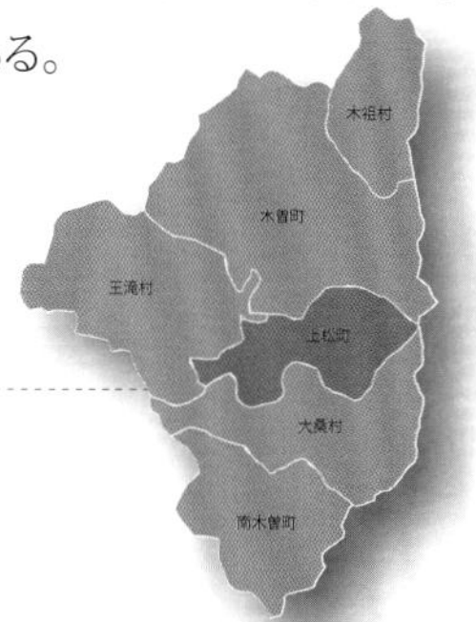

上松町（木曽郡）

Agematsu Town

◉人口 約4,000人　◉標高 約710m

町の木◉木曽ひのき　町の花◉おおやまれんげ・ささゆり

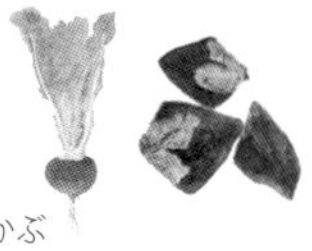

芦島かぶ

中山道木曽路十一宿の上松宿

風土●県南西部に位置する。東部には切り立った木曽山脈、西部は定高性のあるなだらかな阿寺山地が広がる。町の中央を木曽川が縦断しており、寝覚の床や木曽の桟など木曽谷有数の景勝美を作り出している。主産業は木材・木工、農林業。木材産出の町の宿命で、かつては度重なる大火に見舞われ、復興を繰り返してきた。昭和25年には、現在の市街地をほとんど消失するという大火が発生したが、奇跡的に1名の死者も出さずに鎮火に至った。国内森林浴発祥の地として名をはせる赤沢自然休養林では、木曽森林管理署と共に森林鉄道の保存を行なっている。

歳事●若宮神社 例祭(獅子狂言)・駒ヶ岳神社 例祭「太々神楽」・大宮神社 例祭

木曽地域

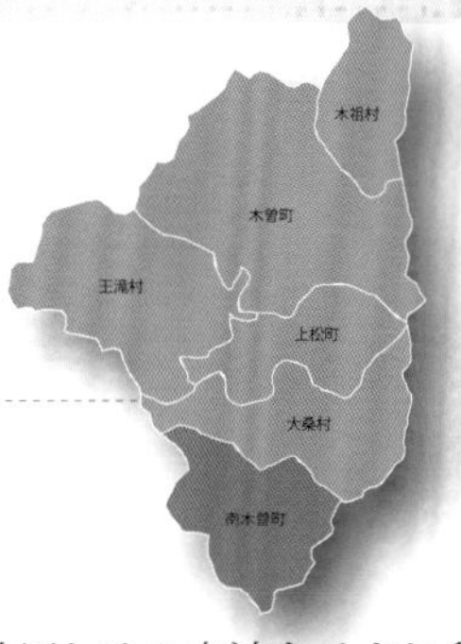

南木曽町(木曽郡)

Nagiso Town

◉人口 約3,800人　◉標高 約410m　　村の木◉ひのき　村の花◉みつばつつじ

木曽菜

「木曽路はすべて山の中である。」

風土●県南西部、木曽谷の南端に位置し、中央を流れる木曽川とその支流をはさむ段丘に集落が広がる。居住地の標高は300mから950mである。古来から伊那谷・木曽谷と美濃を結ぶ交通の要衝だった。国の重要伝統的建造物群保存地区に選定された「妻籠宿」や重要文化財に指定されている「桃介橋」、国指定史跡の歴史の道、藤村文学の名作「夜明け前」の冒頭を具現する「中山道」をはじめ、数多くの歴史的文化遺産がある。町の基幹産業は林業だったが現在は観光産業になっている。

歳事●白山神社 春の例祭・妻籠宿の火祭り・花馬祭

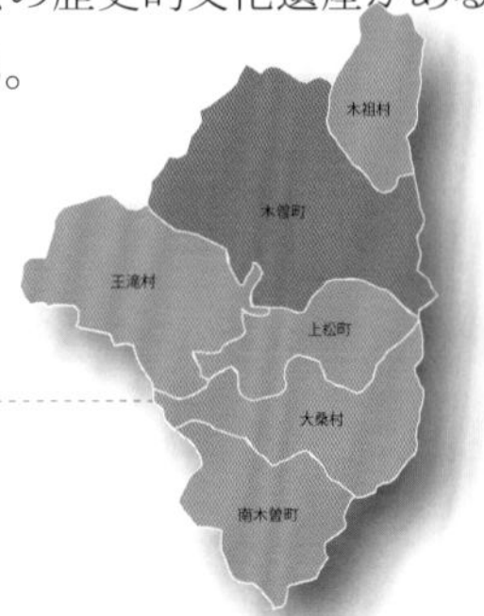

木曽町(木曽郡)

Kiso Town

◉人口 約1,100人　◉標高 約780m

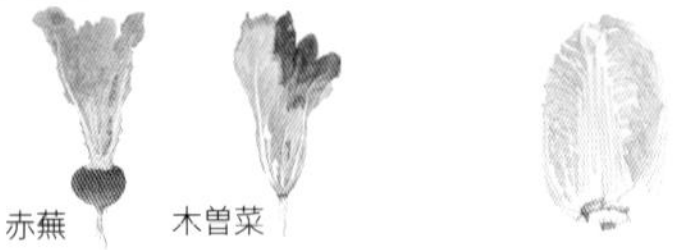

赤蕪　木曽菜

御嶽山麓と木曽義仲旗揚げの地

風土●県南西部に位置し、県内最大の面積をもつ。西に木曽御嶽山、東には中央アルプス木曽駒ケ岳がそびえている。町のシンボル霊峰木曽御嶽山は、古くから信仰の山である。裾野に広がる開田高原には、国内におよそ150頭が生息する本土唯一の在来馬、木曽馬が生息している。古くから国の要衝の地として街道文化が栄え、交流が盛んに行われた。木曽義仲公が育ち、旗揚げした地であり、全国四大関所の一つ福島関所がおかれ、明治の文豪島崎藤村の小説の地ともなっている。

歳事●三岳夏祭り・水無神社 例大祭 みこしまくり・木曽踊り

木祖村(木曽郡)

Kiso Village

◉人口 約2,600人　◉標高 約920m　　村の木◉とちのき　村の花◉りんどう

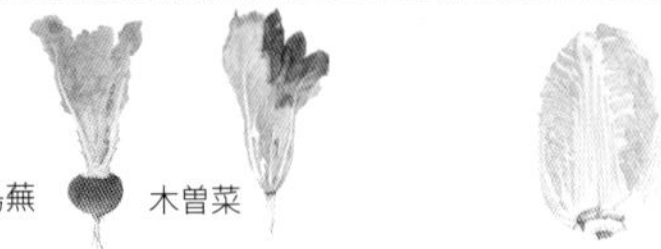

細島蕪　木曽菜

木曽川源流の地は名古屋の水源地

風土●木曽郡の東北部に位置する、2,000m級の山々に囲まれた渓谷型の山村。中央部を北から南に流れる木曽川に大小の河川が合流し、それらの河川沿いに集落及び耕地が散在している。旧中山道の難所と言われた鳥居峠を境に、戦国時代には武田氏と木曽氏の領地争いが続き、戦乱に巻き込まれた地でもある。江戸時代に徳川幕府が天下を支配した後は、薮原地区は旧中山道六十九宿の一つ「薮原宿」として栄えた。村名は木曽川源流の地であることから、木曽の祖という意味を込めて名付けられた。

歳事●薮原神社 例大祭・縁結神社 例大祭

王滝村（木曽郡）

Otaki Village

◉人口 約700人　◉標高 約940m

村の木◉ひのき　村の花◉しゃくなげ

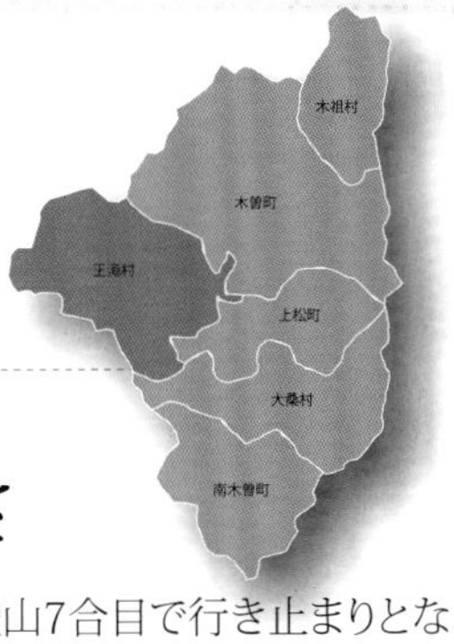

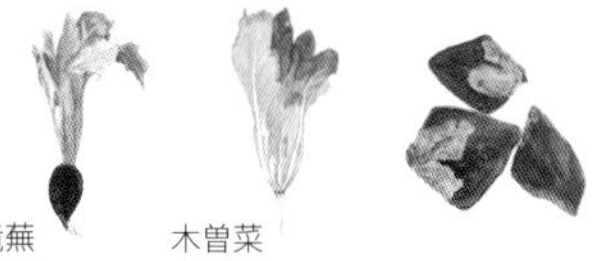

王滝蕪　木曽菜

おんたけ王滝の自然の素晴らしさ

風土●県の南西部、木曽町から続く唯一の幹線道路が御嶽山7合目で行き止まりとなる袋小路の村。山岳信仰の信者を全国から集める霊峰御嶽山（標高3,067m）に抱かれ、日本一のヒノキの美林が広がり、流れ出る水は、はるか南西に広がる濃尾平野を潤す。歴史的、地理的に御嶽山と共にあり、村名「王滝（おうたき）」は、江戸時代の「おのたけ」、「おんたけ」に由来している。牧尾ダム・三浦ダム・滝越ダムがあり水資源、電力源として中京や関西地方の人々の暮らしに深くかかわっている。

歳事●御嶽神社 例大祭

大桑村（木曽郡）

Okuwa Village

◉人口 約3,400人　◉標高 約540m

村の木◉ひのき　村の花◉しゃくなげ

中山道の旅人に思いを馳せる

風土●県南西部に位置し、村の総面積の96％を山林が占めている。地形は急峻で、集落や耕地は標高500mから800mの木曽川と支流の伊那川流域に点在している。中央部を北東から南西に流れる木曽川に沿って国道19号、JR中央線が走っている。集落及び耕地は、木曽川とその支流の伊奈川などの流域（標高500～800m）に点在している。交通の要衝としての軍事的価値と、大森林を擁するという経済的価値を背景として２つの荘園ができた。平安末期には木曽義仲が平家追討の兵を挙げたことにより、木曽の名は一躍全国に知られるようになった。

歳事●須佐男神社 例祭・鹿嶋神社例祭

ながのの道の駅・直売所

道の駅

ヘルシーテラス佐久南
☎0267-78-3383　休12/31～1/1
○佐久市伴野7-1

花の駅・千曲川
☎0269-62-1887　休年末年始
○飯山市常盤7425

雷電くるみの里
☎0238-40-8400
○東御市滋野乙4524-1

FARMUS木島平
☎0269-81-4401　休水曜
○木島平村上木島38-1

中条
☎026-267-2188　休1/1
○長野市中条住良木1704

北信州やまのうち
☎0269-31-1008
○山ノ内町佐野393-2

オアシスおぶせ
☎026-251-4111
○小布施町大島601

マルメロの駅ながと
☎0268-68-0006　休年末年始
○長和町古町2424-19

女神の里たてしな
☎0267-51-4100
○立科町大字茂田井2480

しなの
☎026-255-2900　休水曜・12/31～1/1
○信濃町柏原1260-4

信越さかえ
☎0269-87-3180
○栄村北信3746-1

あおき
☎0268-49-0333　休年末年始
○青木村村松26-1

信州新町
☎026-262-2228
○長野市信州新町水内4619

おがわ
☎026-269-3262　休火曜
○小川村高府1502-2

ふるさと豊田
☎0269-38-2277　休水曜
○中野市永江2136

長野市大岡特産センター
☎026-266-2888　休12/31～1/1
○長野市大岡甲5275-1

上田　道と川の駅
☎0268-75-0587
○上田市小泉塩田川原2575-2

みまき
☎0268-67-3467　休第3木曜
○東御市布下35-4

ほっとぱ～く・浅科
☎0267-58-0581　休火曜
○佐久市甲2177-1

美ヶ原高原
☎0268-86-2331　休冬期
○上田市武石上本入2085-70

ビーナスライン蓼科湖
☎0266-72-2101(茅野市役所)　休年末年始
○茅野市北山4035番地2906

信州蔦木宿
☎0266-61-8222　休火曜・1/1
○富士見町落合1984番地1

いくさかの郷
☎0263-69-1930　休月曜
○生坂村5204番地1

小坂田公園
☎0263-52-6414
○塩尻市大字塩尻町1090

さかきた
☎0263-66-3080
○筑北村坂北4340

いまい恵みの里
☎0263-31-3220　休水曜・年末年始
○松本市大字今井886番地2

風穴の里
☎0263-94-2200　休木曜(冬期)
○松本市安曇3528番地1

アルプス安曇野ほりがねの里
☎0263-73-7002　休1/1～1/7
○安曇野市堀金烏川2696

池田
☎0261-62-6200休木曜(冬期)・12/31～1/3
○池田町大字会染6330-1

ぽかぽかランド美麻
☎0261-29-2030
○大町市美麻16784

小谷
☎0261-71-6000　休火・水曜
○小谷村北小谷1861-1

白馬
☎0261-75-3880　休火曜
○白馬村神城21462-1

安曇野松川
☎0261-61-1200
○松川村細野5375-1

野沢温泉
☎0269-67-0767　休水曜・元旦
○野沢温泉村大字虫生375

花の里いいじま
☎0265-86-6580
○飯島町七久保2252番地

田切の里
☎0265-98-5525　休12/31～1/3
○飯島町田切2598番地1

南アルプスむら長谷
☎0265-98-2955
○伊那市長谷非持1400

大芝高原
☎0265-76-0048　休木曜
○南箕輪村2358番地5

信州新野千石平
☎0260-24-2339
○阿南町新野2700

遠山郷
☎0260-34-1071　休木曜・1月下旬～2月
○飯田市南信濃和田456

南信州うるぎ
☎0260-28-1051　休12/28～1/5
○売木村543-1

歌舞伎の里大鹿
☎0265-39-2844　休12/31～1/3
○大鹿村大字大河原390番

信濃路下條
☎0260-27-1151
○下條村睦沢4331番地5

南信州とよおかマルシェ
☎0265-48-8061
○豊丘村大字神稲12410番地

信州平谷
☎0265-48-2911
○平谷村252

大桑
☎0264-55-4192
○大桑村大字野尻160-27

日義木曽駒高原
☎0264-23-3644
○木曽町4730-3

三岳
☎0264-46-2011　休月曜
○木曽町三岳10491-9

木曽福島
☎0264-21-1818　休水曜(冬期)
○木曽町4061-1

木曽川源流の里きそむら
☎0264-36-1050　休木曜・1/1～1/2
○木祖村大字薮原163番地1

奈良井木曽の大橋
☎0264-34-3888 休火曜(冬期)・12/31～1/1
○塩尻市木曽平沢2272-7

木曽ならかわ
☎0264-34-3888
○塩尻市木曽平沢2272-7

直売所

たてしな自由農園　原村店
☎0266-74-1740 休水曜(1～4月)
○上里18101-1

すずらんハウス
☎0265-81-7201
○駒ヶ根市赤穂759-446

グリーンファーム
☎0265-74-5351 休元旦
○伊那市ますみヶ丘351-7

アグリながぬま
☎026-295-1093 休年始
○長野市穂保274-1

りんごの里
☎0265-28-2770
○飯田市育良町1丁目2-1

阿智村 農林水産物直売所
☎0265-43-3930 休年末年始
○阿智村智里331-1

八ヶ岳農産直売所
☎0266-72-9778
○茅野市湖東6595-474

生産者直売所　アルプス市場
☎0263-86-670
○松本市寿白瀬渕7391-1

JA中野市　農産物産館オランチェ
☎0269-23-5595 休元旦
○松本市寿白瀬渕7391-1

たてしな自由農園　茅野店
☎0266-75-5510 休水曜(1～4月)
○茅野市米沢3905-1

ふれあい市 菜ないろ畑
☎00267-56-0045
○立科町芦田1168-1

駒ヶ根ファームス
☎0265-81-7711 休木曜(3月中旬～11月)
○駒ヶ根市赤穂759-447

信州中野いきいき館
(アップルシティーなかの)
☎0269-26-1186 休元旦
○中野市吉田519

信州フルーツランド
☎0269-22-2530
○中野市草間安源寺境1356-1

食彩市場 たる川
☎0269-63-3620
○木島平村上木島5691-1

売店たかやしろ
☎0269-82-4710
○木島平村上木島2548-1

栄村直売所 かたくり
☎0269-87-3260
○栄村北信3746-2

よってきましょっぷ
☎0263-99-4104 休10月下旬～5月下旬
○朝日村大字古見1555-1
朝日村役場交流テラス

いいづなマルシェむーちゃん
☎026-253-3321 休年末年始
○上水内郡飯綱町牟礼1-1

安曇野ベース
☎0263-88-9177
○安曇野市豊科南穂高5089-1

ファーマーズガーデンうちだ
☎0263-88-3012 休月曜・年末年始
○松本市内田792-7

ファーマーズおおまち店
☎0261-85-4710
○大町市常盤字南松原4844-1

ファーマーズガーデンあかしな
☎0263-62-1230
○安曇野市明科七貴5856-3

うえだ食彩館　ゆとりの里
☎0268-26-1050 休12/30～1/5
○上田市住吉380-24

米沢地場産物直売所みどり市
☎0266-82-0363
○茅野市米沢3777-1JA信州諏訪米沢支所内

梓川地場産品直売センター
☎0263-78-5725 休12/29～3月
○松本市梓川倭2102-1

和田宿ステーション
☎0268-88-0008 休月曜(12月～7月10日)
○長和町和田2884-1

うるぎふるさと館
☎0260-28-1051 休水曜(1～3月)・年末年始
○売木村543-1

あづみ野ふる里市
☎0263-77-7530 休水曜・年末年始
○安曇野市三郷温2030-1

ファーマーズガーデンやまがた
☎0263-98-5231
○山形村1579-1

農産物直売所
ファームセンター小出
☎0265-73-7780
○伊那市西春近3222-1

(有)信州中野ファーム
☎0269-23-2828 休1/1～1/3
○中野市西条359

株式会社 三郷サラダ市
☎0263-76-4066 休水曜(1～7月)
○安曇野市三郷温5896-2

Vif穂高 いち番館
☎0263-81-5656 休年末年始
○安曇野市穂高有明7751-1

信州平谷温泉「ひまわりの湯」
ひまわり市場
☎0265-48-2911 休水曜(12～3月)
○平谷村平谷村252

田舎道直売所
☎0265-33-4553 休火曜
○喬木村氏乗10636-5

飯綱町三水農産物直売所
さんちゃん
☎026-253-0033 休2～3月・年末年始
○飯綱町倉井2891-4

横手直売所 四季菜
☎026-253-5153 休12月下旬～4/4
○飯綱町柳里628-1

上田市丸子農産物直売
加工センター あさつゆ
☎0268-41-1062 休1/1～1/4
○上田市御嶽堂54-1

ファーマーズガーデンやまべ
☎0263-32-3644 休木曜・年末年始
○松本市入山辺1315-2
ぶどうの郷山辺ワイナリー内

南牧村農畜産物直売所
☎0120-190-820
○南牧村野辺山79ー7

キッチンガーデンたぎり
☎0265-86-8751 休年末年始
○飯島町田切48-5

牛牧直売所
☎0265-35-8442 休水曜
○高森町牛牧390-2

※掲載している情報は変わることがありますので、お出かけの際にはご確認ください。掲載内容は2023年12月時点での情報です。

おいしい! 健康! 幸せをあなたに

いい街・いい人・いい暮し・いきいきキラヤ
スーパーチェーン キラヤ
本 部
〒395-0811
長野県飯田市松尾上溝2910-18
☎ (0265)52-0443
FAX(0265)52-2237
上飯田店 ☎52-2330
大 島 店 ☎36-4433
竜 丘 店 ☎26-8000
鼎 店 ☎52-3800
伊賀良店 ☎25-3300
ピ ア 店 ☎43-2028
高 森 店 ☎34-2500
黒 田 店 ☎52-1811

提案します、
美味しい生活。
ビッグ1
岡谷店・横内店
C.G.C GROUP
㈱タケダストアー
ビッグ1 岡谷店 〒393-0047 下諏訪町西赤砂4360-3 TEL.0266-28-9927
ビッグ1 横内店 〒391-0001 茅野市ちの2806 TEL.0266-82-0302
自遊空間 湖浜店 〒393-0034 下諏訪町6191-3 TEL.0266-26-4177

DAIICHI
地域にずっと
暮らしにもっと
暮らしのパートナー 第一スーパー
株式会社第一スーパー本部・事務所 026-243-5587
□古間店 026-255-3061
□飯綱店 026-253-7020
□妙高店 0255-86-4899

CGC GROUP　アソシエイツ会

CGC
地域と
未来を
笑顔に

ご協力ありがとうございました。

長野県酒造組合
荒木康夫（ニシザワ）
白鳥孝（伊那市長）
藤井伸江季（季節の郷土料理ことのは）
中島徳充（南相木役場）
丸山秀樹（大空夏いちご農園）
細井千恵子
栗岩善昭
佐藤健
藤沢正美（常盤ごぼう）
服部秀人・恒美
栗岩由紀子
竹田八重子
月岡さちよ
小野沢さつき
千野明美
いいやま食文化の会
飯山市立東小学校
岩崎孝典（信州飯山ぜにがめ堂）
大内ふじ子（ぼたんこしょう保存会）
松野富子（ぼたんこしょう保存会）
深野久美子
佐野香里（北原農園）
川口彰（信濃町総務課まちづくり企画係）
関塚賢一郎
安藤陽子（移動スーパー）
松島憲一（信州大学学術研究院）
中澤弥子（長野県立大学）
戸谷けさこ
吉田としこ
大日方聰夫（古民家 大日方邸）
西野美恵子（中野市豊田農産物加工施設理容組合）
服部明彦（ひらの培養センター）
浅沼正勝（JA 中野市えのき茸部会）
宮坂照彦（宮坂製糸所）
高林千幸（岡谷蚕糸博物館）
髙橋栄子（宮坂製糸所）
駒場豊（郷田板金）
三澤純也（清水屋川魚店）
木下潤児（椋鳩十記念館・記念図書館）
相米健太（ヤツレン）
藤原健・道子 (あずみ)
寺島美代子
常見久美子・詩
のんび荘
食事処いっ福
郷津清明（郷津ワサビ農園）
油井政幸（JA 長野八ヶ岳）
山田康司（丸子中央病院 ヴァイスホルン シェフ）
丸子中央病院
佐々木一夫（喜多屋醸造店）
長峰愛（喜多屋醸造店）
佐野五百子
中島愛子
…その他たくさんの方からご協力いただきました。
（順不同・取材順）

ご協賛ありがとうございました。

株式会社ツルヤ
株式会社ニシザワ
株式会社キラヤ
株式会社タケダストア
株式会社第一スーパー

信州ハム株式会社
エスビー食品株式会社
秋元水産株式会社
株式会社かねはち茶園
キユーピー株式会社
キリンビバレッジ株式会社
三菱食品株式会社
株式会社日本アクセス
日清オイリオグループ株式会社
味の素株式会社 長野営業所
シジシーグループ アソシエイツ会
株式会社 シジシージャパン

ながののおかず
郷土の食材と料理
服部一景・編著

2024 年 1 月 30 日　初版発行

発行所　開港舎

発行者　服部一景

〒240-0112
神奈川県三浦郡葉山町堀内 595-8
046-875-1488 (Fax & Tel)
kaikousha1991@gmaigl.com

発売所　河出書房新社
〒151-0051
東京都渋谷区千駄ヶ谷 2-32-2
03-3404-1201 (営業)
https://www.kawade.co.jp/

印刷・製本所　大日本印刷株式会社

編　集　開港舎 編集室
服部一景　取材・撮影・イラスト・文・編集
服部一甫　フードスタイリング・レシピ
服部麻衣　レシピ・レイアウト・DTP
服部美千代　校閲・レシピ

Printed in Japan
ISBN978-4-309-92277-5